Rätsel knacken beim Backen

Mit abgefahrenen Rezepten, kniffligen Rätseln und lustigen Fakten – Das perfekte Geschenk für Back- und Rätselqueens

Tim Bresser

Tim Bresser

RÄTSEL KNACKEN BEIM BACKEN

Mit köstlichen Rezepten, kniffligen Rätseln und unglaublichen Fakten

Impressum

Rätsel knacken beim Backen – Mit abgefahrenen Rezepten, kniffligen Rätseln und lustigen Fakten – Das perfekte Geschenk für Back- und Rätselqueens

Deutschsprachige Erstausgabe Oktober 2024
Copyright © 2024 Tim Bresser

Alle Rechte vorbehalten.
Nachdruck, auch auszugsweise, nicht gestattet.
Das Werk, einschließlich seiner Teile, ist urheberrechtlich geschützt. Jede Verwertung ist ohne Zustimmung des Verlags und des Autors unzulässig. Dies gilt insbesondere für die elektronische oder sonstige Vervielfältigung, Übersetzung, Verbreitung und öffentliche Zugänglichmachung.

Kontaktinformationen:
Tim Bresser
Centgrafenweg 20
69181 Leimen
tim.bresser@yahoo.com

Covergestaltung und Satz: Wolkenart – Marie-Katharina Becker,
www.wolkenart.com
Herstellung und Verlag: Amazon KDP

1. Auflage

ISBN:978-3-9825628-3-4

Willkommen zu „Rätsel knacken beim Backen"
Das perfekte Buch für alle Back- und Rätselliebhaberinnen!

Bist du bereit, den Duft frisch gebackener Köstlichkeiten zu genießen und gleichzeitig deinen Kopf mit spannenden Rätseln herauszufordern? Dieses Buch ist für all die Frauen, die es lieben, den Ofen anzuwerfen, mit Teig und Zutaten zu experimentieren – und dabei auch ihre grauen Zellen zu trainieren.

In diesem Buch kombinieren wir deine Leidenschaft für süße Leckereien und knackige Denkaufgaben. Während du knifflige Rätsel löst, wirst du spannende Fakten über Lebensmittel entdecken und deine Backkünste mit raffinierten Rezepten auf das nächste Level bringen. Egal, ob du eine erfahrene Bäckerin oder ein Neuling am Ofen bist, hier erwartet dich eine unwiderstehliche Mischung aus Genuss und Herausforderung.

Schnapp dir eine heiße Tasse Kaffee, einen Stift und leg los! Ob du dich an einem verzwickten Rätsel versuchst oder dein neues Lieblingsrezept ausprobierst – dieses Buch ist dein idealer Begleiter für entspannte Stunden voller Freude und Kreativität.
Viel Spaß beim Knobeln und Genießen!

INHALT

1: Rätsel knacken beim Backen 10

2: Zutatenjagd: Abgefahrene Rezepte zum
   Nachmachen! 82

3: Lösungen 115

Nachhaltigkeit? Klar, das ist genau unser Ding! 🌱
Wir wollen nicht nur, dass unsere Bücher Spaß machen, sondern auch, dass sie die Umwelt so wenig wie möglich belasten. Deshalb achten wir besonders darauf, wie wir produzieren. Wir nutzen dünneres Papier und umweltfreundliche Drucktechniken, die speziell für den Schwarz-Weiß-Druck optimiert sind. So sparen wir nicht nur eine Menge Tinte, sondern reduzieren auch unseren Ressourcenverbrauch erheblich. 🖤
Wir sind immer auf der Suche nach neuen, smarten Wegen, um noch nachhaltiger zu werden. Denn wir wollen, dass unsere Bücher nicht nur dir, sondern auch unserem Planeten guttun – für eine grüne Zukunft, die einfach allen Spaß macht! 🌍 ✨

Schön, dass du da bist!

In diesem Buch erwarten dich nicht nur köstliche Rezepte, sondern auch jede Menge spannender Rätsel und faszinierender Fun Facts rund um das Thema Küche und Backen. Es ist eine Mischung aus Wissensspaß, Denksport und kulinarischen Entdeckungen, die dir auf unterhaltsame Weise Neues beibringt.

In Kapitel 1 wirst du nicht nur mit spannenden Fun Facts überrascht, sondern auch mit beeindruckenden Weltrekorden rund ums Kochen und Backen! Dazu kommen verschiedene Rätsel wie Kreuzworträtsel, Labyrinthe und Suchspiele, bei denen du dein Wissen über Lebensmittel testen und gleichzeitig deinen Verstand herausfordern kannst.

In Kapitel 2 dreht sich alles um die Zutaten für leckere Rezepte, die in Wortsuchrätseln versteckt sind. Wenn du die gesuchten Zutaten gefunden hast, erwartet dich auf der nächsten Seite das vollständige Rezept, damit du direkt losbacken kannst!

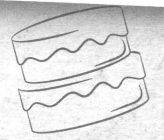

Weinweisheit

Die Gäste sind bereits da, aber der Wein ist noch zu warm? Kein Problem! Statt gewöhnlicher Eiswürfel, die deinen Wein verwässern würden, nutze gefrorene Trauben. Sie kühlen den Wein sanft ab und behalten dabei den vollen Geschmack – eine elegante Lösung für den perfekten Weingenuss.

Das braune Gold

Schokolade war früher eine Währung: Die alten Azteken benutzten Kakaobohnen als Zahlungsmittel. Ein Truthahn kostete damals ungefähr 100 Kakaobohnen!

Herzlich Willkommen zur Zutaten-Meisterschaft: Das erste Back-Kreuzworträtsel

In allerersten Kreuzworträtsel dreht sich alles um die essentiellen Zutaten, die in keiner Backstube fehlen dürfen. Ob fruchtige Bananen oder aromatischer Zimt – hier kannst du deine Backzutaten-Kenntnisse auf die Probe stellen. Zeig, dass du die Meisterin oder der Meister der Backkunst bist und finde die versteckten Begriffe, die den Zauber des Backens ausmachen.

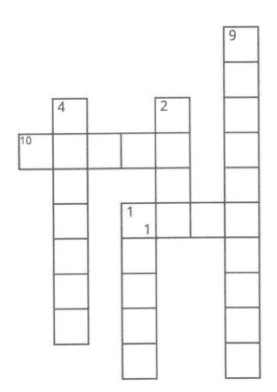

Waagrecht:
1. Hauptbestandteil von Brot und Kuchen.
3. Häufige Zutat in Kuchen, sorgt für Bindung.
5. Ein Gewürz, das häufig in Gebäck und Kuchen verwendet wird.
7. Ein wenig davon wird oft hinzugefügt, um den Geschmack zu verstärken.
8. Pulver, das oft in Schokolade und Brownies verwendet wird.
10. Wird oft geschlagen und als Topping auf Kuchen verwendet.
11. Eine Frischkäsesorte, die oft in Käsekuchen verwendet wird.

Senkrecht:
1. Flüssige Zutat, die Teig und Massen geschmeidig macht.
2. Dieser Mikroorganismus lässt Teig aufgehen.
4. Beliebtes Aroma für süße Backwaren.
5. Süßungsmittel, das in fast jedem Dessert verwendet wird.
6. Ein chemisches Treibmittel, das Kuchen aufgehen lässt.
9. Ein glutenfreies Mehl, das häufig für Macarons und andere feine Backwaren verwendet wird.

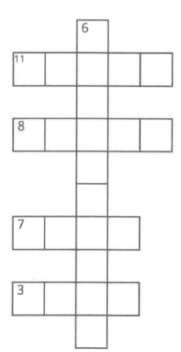
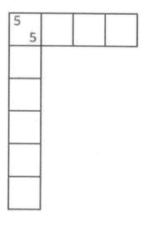

Safran: Das Gold unter den Gewürzen

Safran ist das teuerste Gewürz der Welt, gewonnen aus den Blütennarben der Safran-Krokus. Die Ernte ist extrem arbeitsintensiv, da etwa 150.000 Blüten benötigt werden, um ein Kilogramm Safran zu produzieren. Deshalb kann der Preis für ein Kilogramm Safran je nach Qualität und Herkunft zwischen 3.000 und 30.000 Euro liegen.

Sudoku-Schnupperrunde: Der perfekte Einstieg

Bist du bereit für dein erstes Sudoku? Lass dich nicht täuschen – auch wenn es einfach aussieht, bringt es dein Gehirn in Schwung! Viel Spaß beim Knobeln und genieße den entspannten Einstieg in die Welt der Zahlenrätsel.

	4					2		
7	3	1		6		5		
	5		9					
					6		4	3
	4	9			2			
				9	3	2	1	
2			8					7
			5	7	9			
8						4	3	

Kuriose Küchenweisheit

Archäologen haben Honig in altägyptischen Gräbern gefunden, der tausende Jahre alt war und immer noch genießbar ist. Honig enthält natürliche Konservierungsstoffe, die Bakterienwachstum verhindern, weshalb er jahrtausende haltbar ist.

Der Wettlauf gegen die Zeit

Oh nein! Dein Kuchen hätte schon längst aus dem Ofen geholt werden müssen, aber du hast dich im Keller deines neuen Luxus-Hauses verlaufen. Jetzt musst du schnell den Weg zurück zur Küche finden, bevor dein köstlicher Kuchen verbrennt!

Schaffst du es rechtzeitig zum Ofen?

Die gigantische Pizza von Rom: Ein Rekord für die Ewigkeit

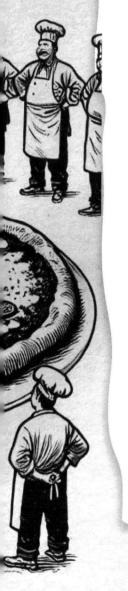

2012 wurde in Rom die größte Pizza der Welt gebacken. Mit einem beeindruckenden Durchmesser von über 40 Metern und einem Gewicht von mehr als 23 Tonnen stellte diese Pizza alle bisherigen Rekorde in den Schatten. Für dieses Meisterwerk wurden 6 Tonnen Teig, 2 Tonnen Pizzasoße, 4 Tonnen Käse und unglaubliche 630.000 kleine Salamischeiben und Peperoni verwendet. **Perfektes Rezept zum Nachmachen, oder?**

Kulinarische Weltreise: Das internationale Speisen-Kreuzworträtsel

Mach dich bereit für eine köstliche Reise um die Welt! In diesem Kreuzworträtsel dreht sich alles um berühmte Gerichte aus verschiedenen Ländern. Zeig, dass du nicht nur in deiner Küche, sondern auch kulinarisch global unterwegs bist!

Waagrecht:

1. Vietnamesische Nudelsuppe mit Rind oder Hühnerfleisch
3. Traditioneller deutscher Braten, der in einer sauren Marinade eingelegt wird
5. Ein deutsches Gericht aus Eierteigwaren, überbacken mit Käse und oft mit Röstzwiebeln
7. Griechischer Auflauf mit Auberginen, Hackfleisch und Béchamelsauce
9. Japanisches Gericht mit rohem Fisch und Reis

Senkrecht:

1. Spanisches Gericht mit Reis, Meeresfrüchten und Safran
2. Würziger Eintopf aus Fleisch, Zwiebeln und Paprika, typisch für Ungarn
4. Norddeutsches Gericht aus eingelegtem rohem Hering, oft mit Zwiebeln und Sahnesauce serviert
6. Französisches Gemüsegericht aus Tomaten, Auberginen, Zucchini und Paprika
8. Mexikanisches Gericht aus Rindfleisch, Bohnen und scharfen Gewürzen

Rätselkrimi 1

Der Fall der gestohlenen Hochzeitstorte

Am 25. Juli wurde in einer bekannten Bäckerei eine wertvolle Hochzeitstorte gestohlen, kurz bevor sie ausgeliefert werden sollte. Die Bäcker sind entsetzt, und die Polizei wird sofort eingeschaltet. Es stehen drei Personen unter Verdacht:

Die Konditorin: Sie behauptet, zur gleichen Zeit im Hinterzimmer mit der Dekoration einer anderen Torte beschäftigt gewesen zu sein.

Der Lieferfahrer: Er gibt an, dass er gerade dabei war, die letzten Bestellungen ins Lieferfahrzeug zu laden.

Der Hausmeister: Er sagt aus, dass er zum Zeitpunkt des Diebstahls Herbstlaub vor der Bäckerei weggekehrt hat.

Kannst du herausfinden, wer die Torte gestohlen hat?

Sudoku-Power: Auf die Plätze, fertig, los!

SEHR LEICHT

Indem du dein Gehirn mit Rätseln und Denksportaufgaben forderst, stärkst du die graue Substanz – den Bereich, der für Gedächtnis, Denken und Entscheidungen zuständig ist. Je häufiger du trainierst, desto besser werden deine kognitiven Fähigkeiten! Also, ran an das Sudoku und genieße den Knobelspaß!

1			5	4				
4			6	7		3		
				9	8		1	4
						8		
		1			5		3	
			9	1	3			5
	6		1		7			3
3			4		9	5	6	
5					6		2	9

Die Geschichte des Croissants: Von Wien nach Frankreich

Das Croissant, das heute als Symbol der französischen Backkunst gilt, hat seinen Ursprung in Österreich und geht auf das Jahr 1683 zurück. Während der Belagerung Wiens durch das Osmanische Reich hörten Bäcker das Geräusch von Türken, die versuchten, einen Tunnel zu graben. Dank ihrer Wachsamkeit konnte der Angriff vereitelt werden. Um den Sieg zu feiern, kreierten die Bäcker ein Gebäck in Form eines Halbmonds – das Croissant – als Anspielung auf das Symbol des Osmanischen Reiches. Später fand dieses köstliche Gebäck seinen Weg nach Frankreich, wo es weltweite Berühmtheit erlangte.

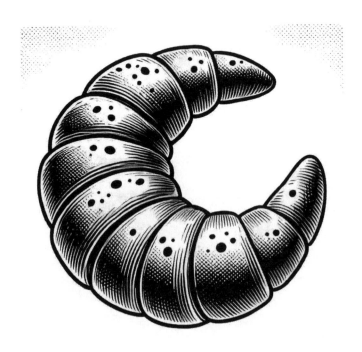

Backstuben-Magie: Das Zutaten-Kreuzworträtsel

Dieses Kreuzworträtsel führt dich direkt in die Welt der süßen Köstlichkeiten. Ob Schokolade, Sauerteig oder feiner Puderzucker – teste dein Wissen rund um die wichtigsten Backzutaten. Jede Zutat spielt eine entscheidende Rolle, wenn es darum geht, leckere Kuchen, Torten oder Gebäck zu zaubern.

Waagrecht:

1. Süße Zutat, die oft für Kuchen oder Kekse geschmolzen wird.
5. Ein Teig, der durch einen Gärungsprozess aufgeht und besonders für Brot und süßes Gebäck verwendet wird.
6. Eine saure Zutat, die oft in Glasuren oder Torten verwendet wird.
10. Ein flaches Blech, das in den Ofen geschoben wird und zum Backen von Plätzchen oder Brot verwendet wird.
11. Eine spezielle Backform mit einem abnehmbaren Rand, ideal für Kuchen und Torten.
12. Eine süße, weiche Masse aus Nüssen und Schokolade, die oft in Pralinen und Gebäck verwendet wird.
13. Ein einfacher Teig, der aus Mehl, Butter, Zucker und Eiern besteht und für Kuchen verwendet wird.

Senkrecht:

2. Wird durch das Schlagen von Eiweiß hergestellt und sorgt für eine luftig leichte Konsistenz.
3. Aromatisierter Zucker, der häufig in süßen Backwaren verwendet wird.
4. Wird verwendet, um Flüssigkeiten zu gelieren, besonders in Torten und Desserts.
7. Fein gemahlener Zucker, der zum Bestäuben von Gebäck verwendet wird.
8. Sahne, die steif geschlagen wird, um Kuchen und Torten zu verzieren.
9. Ein pflanzlicher Ersatz für Butter, der oft beim Backen verwendet wird.
14. Ein glutenfreies Mehl, das oft in gesunden Backrezepten verwendet wird.

Vanille: Das edle Gewürz der Orchideen

Vanille stammt von einer ganz besonderen Pflanze – der Vanilleorchidee. Diese außergewöhnliche Pflanze gehört zur Familie der Orchideen und ist die einzige ihrer Art, die essbare Früchte hervorbringt. Die Vanilleschoten, die wir kennen und schätzen, sind das kostbare Ergebnis dieser einzigartigen Blüte.

Scherzfrage

Welches Tier versteckt sich im Kaffee?

Der Affe

Sudoku-Herausforderung: Stärk deine neuronalen Verbindungen!

SEHR LEICHT

Das Gehirn ist unglaublich anpassungsfähig – und Sudoku ist das perfekte Training dafür. Jedes Mal, wenn du ein Sudoku löst, förderst du die Bildung neuer neuronaler Verbindungen. Dadurch wird dein Gehirn nicht nur effizienter, sondern kann auch schneller auf Herausforderungen reagieren. Also, schnapp dir einen Stift und leg los – dein Gehirn wird es dir danken!

						9	3	8
	5	6		1		9		
			8		4	7		6
1	2			7				
5				2			3	
				6	4			9
	7	5						
2								4
		8	7	9	6	5		

Rätselhaftes Verschwinden

Ein Bauer steht auf seinem Feld. Es kommt ein Pferd auf ihn zu. Plötzlich ist er verschwunden. Was ist da passiert?

Achtung, explosiv!

Wusstest du, dass Zucker unter bestimmten Bedingungen explodieren kann? Zucker ist brennbar, und in Pulverform, wie Puderzucker, kann er bei Kontakt mit offenen Flammen eine explosive Reaktion auslösen. Daher ist Vorsicht geboten, wenn du Zucker in der Nähe von Feuer oder heißen Oberflächen verarbeitest!

Kulinarische Weltreise: Gerichte aus aller Welt

Begib dich auf eine kulinarische Reise um den Globus und entdecke die Vielfalt der internationalen Küche! Dieses Kreuzworträtsel testet dein Wissen über bekannte Speisen aus verschiedenen Ländern. Von italienischer Pizza bis hin zu indischen Currys – hier dreht sich alles um Gerichte, die weltweit beliebt sind. Zeig, wie gut du dich in den Küchen dieser Welt auskennst und finde die versteckten Begriffe!

Waagrecht:
1. Italienisches Fladenbrot mit Tomaten, Käse und verschiedenen Belägen
3. Mexikanische gefüllte Tortillas, oft mit Fleisch, Käse und Salsa
7. Amerikanisches Brötchen mit Wurst, oft mit Senf und Ketchup serviert
8. Arabische frittierte Bällchen aus Kichererbsen, oft im Fladenbrot serviert
9. Türkisches Fladenbrot, gefüllt mit Fleisch, Salat und Soße
10. Indisches würziges Gericht, oft mit Reis und Fleisch oder Gemüse

Senkrecht:
2. Amerikanisches Sandwich mit Rindfleischpatty, Salat und Brötchen
4. Französisches Blätterteiggebäck in Halbmondform, oft zum Frühstück
5. Indische frittierte Teigtaschen, gefüllt mit Gemüse oder Fleisch
6. Italienisches Schichtgericht aus Teigplatten, Fleischsauce und Käse

Die Suche nach den Karotten

Du möchtest deinen leckeren Karottenkuchen backen, aber es gibt ein Problem: Dein Mann, der Dussel, hat vergessen, die Karotten zu kaufen. Jetzt musst du dich im neu eröffneten Supermarkt in deiner Stadt zurechtfinden und die Karotten in der riesigen Obst- und Gemüseabteilung finden.

Ein wahrhaft gigantischer Geburtstagskuchen

Der größte und schwerste Geburtstagskuchen der Welt wurde 2008 in Indien für den Premierminister gebacken. Mit einem unglaublichen Gewicht von über 6 Tonnen war dieser Riesenfrüchtekuchen eine rekordverdächtige Kreation, die in die Geschichte einging.

Die Vielfalt der Äpfel

Weltweit existieren mehr als 30.000 verschiedene Apfelsorten, doch im Supermarkt begegnen uns nur wenige davon. Diese beeindruckende Vielfalt bleibt meist im Verborgenen, obwohl jede Sorte ihren eigenen einzigartigen Geschmack und Charakter hat.

Rätselkrimi 2

Die tödliche Limonade mit Eiswürfeln

Zwei Mädchen gingen an einem heißen Sommertag zusammen essen und bestellten beide Limonade mit Eiswürfeln. Eines der Mädchen trank ihre Gläser sehr schnell und hatte fünf in der Zeit geleert, die das andere für nur ein Glas brauchte. Das Mädchen, das nur ein Glas trank, starb, während das andere überlebte. Obwohl alle Getränke vergiftet waren, überlebte das Mädchen, das mehr getrunken hatte.

Wie war das möglich?

Sudoku-Champion: Für echte Denksport-Profis

Das Lösen besonders schwieriger Rätsel aktiviert tiefere Gehirnregionen, die für strategisches Denken und Planung zuständig sind. Mit jedem gelösten komplexen Problem wird deine mentale Flexibilität verbessert, was bedeutet, dass du in Zukunft schneller kreative Lösungen für Herausforderungen finden kannst. Dein Gehirn wird resilienter und passt sich besser an neue Situationen an, also zeig was du kannst!

	1	3				9	5
4			5		3		
		4		6			
	5					1	
		1	9			4	
	3						
9	4	6		3	1		8
	7						
6				7			9

Das Backrätsel der Generationen

Zwei Töchter und zwei Mütter treffen sich zum Backen. Jeder von ihnen backt jeweils einen Kuchen. Am Ende haben sie allerdings nur drei Kuchen gebacken.
Wie kann das sein?

Bahnbrechende Erkenntnis!

„Dreh mal am Herd" – endlich ein Satz, den man auch rückwärts lesen kann! 😃

Werkzeuge der Backkunst:
Küchenutensilien im Kreuzworträtsel

In diesem Kreuzworträtsel dreht sich alles um die unverzichtbaren Helfer in der Küche! Ob beim Backen, Kochen oder Mixen – jedes Utensil hat seinen festen Platz, wenn es darum geht, köstliche Kreationen zu zaubern. Teste dein Wissen über die Werkzeuge, die dir das Leben in der Küche leichter machen, und finde heraus, wie gut du dich mit Küchenhelfern auskennst. Viel Spaß beim Rätseln!

Waagrecht:
1. Utensil zum Absehen oder Abtropfen von Flüssigkeiten aus Lebensmitteln
2. Utensil zum Zerkleinern von Käse oder Gemüse in kleine Stücke
3. Flaches Blech, auf dem Kekse oder Pizza gebacken werden
4. Flaches Kochgeschirr, das zum Braten von Speisen verwendet wird
6. Behälter zum genauen Abmessen von Flüssigkeiten oder trockenen Zutaten

Senkrecht:

1. Gerät zum Schlagen von Eiern oder Sahne

5. Ein zylinderförmiges Utensil zum Ausrollen von Teig

7. Langes Utensil aus Holz oder Plastik zum Umrühren von Speisen beim Kochen

8. Flache Unterlage zum Schneiden von Gemüse oder Fleisch

9. Elektrisches Gerät zum Pürieren oder Mischen von Zutaten

So prüfst du, ob Eier noch frisch sind

Nicht sicher, ob die Eier im Kühlschrank noch gut sind? Mit diesem einfachen Trick findest du es heraus:
Leg ein Ei in ein Glas mit Wasser. Sinkt es zu Boden, ist es frisch. Steigt es jedoch an die Oberfläche, solltest du es besser nicht mehr verwenden. Dieser Lifehack nutzt die Tatsache, dass sich bei älteren Eiern Gas im Inneren bildet, was sie im Wasser aufsteigen lässt. So kannst du schnell und ohne Risiko die Frische deiner Eier testen!

Das Rätsel der ungewöhnlichen Addition 💀

Du schaust auf etwas. Wenn Du zwei zu elf addierst, erhältst Du Eins. Wie ist das möglich?

Sudoku-Zeit: Entspannung für den Geist

Wenn du dich auf dieses Sudoku konzentrierst, beruhigt sich dein Geist. Studien zeigen, dass diese Form der mentalen Fokussierung den Cortisolspiegel – das Stresshormon – senken kann. Ein entspannter Geist ist ein leistungsfähiger Geist!

	9			3		4		8
8			6					
							2	6
	6				9	3		
4					6			
	5				1	9		
							5	
		7	5				9	
			8	7				4

Einfacher Trick gegen Überkochen

Lege einen Holzlöffel quer über den Topf, während du kochst, und verhindere so das Überkochen. Der Holzlöffel unterbricht die Blasenbildung an der Oberfläche und sorgt dafür, dass das Wasser nicht über den Rand schwappt.

Eier sicher kochen: So bleibt alles intakt

Um zu verhindern, dass Eier beim Kochen aufplatzen, halte sie vor dem Kochen kurz unter warmes Wasser. Ein Austreten des Ei-Inhalts kannst du vermeiden, indem du etwas Salz ins Kochwasser gibst.

Deftige Klassiker: Lieblingsgerichte aus aller Welt

Dieses Kreuzworträtsel dreht sich um herzhafte Mahlzeiten, die weltweit bekannt und beliebt sind. Von gefüllten Teigtaschen bis hin zu cremigen Nudelgerichten – entdecke die Vielfalt internationaler Speisen. Teste dein Wissen über Gerichte, die für ihre besonderen Aromen und Zutaten geschätzt werden, und finde die versteckten Begriffe. Viel Spaß beim Rätseln und Schlemmen in Gedanken!

Waagrecht:
3. Zwei Brotscheiben mit Belag wie Käse, Fleisch oder Gemüse
5. Französisches Gericht aus geschlagenen Eiern, oft mit Füllungen wie Käse oder Gemüse
6. In Griechenland die Alternative zu unserem Döner, oft gefüllt mit Fleisch, Gemüse und Pommes
8. Italienisches Nudelgericht mit Speck, Eiern und Käse
9. Schwäbische Teigtaschen, gefüllt mit Fleisch, Spinat oder anderen Zutaten, in Brühe serviert oder angebraten

Senkrecht:
1. Italienisches Nudelgericht, oft mit Tomatensauce serviert
2. Cremiges italienisches Reisgericht, oft mit Brühe und Parmesan
4. In der Pfanne gebratene Kartoffelscheiben, oft mit Zwiebeln
7. Mexikanische Tortilla mit geschmolzenem Käse und anderen Füllungen
8. Würzige Fleischröllchen aus dem Balkan, oft aus Rind oder Lammfleisch gegrillt und mit Zwiebeln und Fladenbrot serviert

Rätselkrimi 3

Der große Ausbruch: Wie entkommt Joshi?

Joshi sitzt in einer Zelle mit einem trockenen Boden und einem Fenster, das so hoch ist, dass niemand es erreichen kann. Es gibt nichts in der Zelle außer einer Schaufel. Es ist heiß und trocken, und Tom hat nur drei Tage Zeit, um zu entkommen. Einen Tunnel zu graben, ist keine Option.

Wie kann Joshi sich retten?

Schnell gekühlt: Getränke im Handumdrehen eisig

Das Essen ist fast fertig, aber die Getränke sind noch warm? Kein Problem! Wickele Bier- oder Limo-Flaschen in nasses Küchenpapier und lege sie ins Gefrierfach. In kürzester Zeit sind sie erfrischend kühl. Aber Vorsicht: Vergiss die Flaschen nicht im Gefrierfach, sonst gibt es eine unangenehme Überraschung!

Wusstest du...

dass Bananen botanisch gesehen Beeren sind und sie aufgrund der Erdanziehungskraft nach oben wachsen? Das nennt man den "negativen Geotropismus".

Sudoku-Knobelspaß: Gedächtnistraining leicht gemacht

Wenn du regelmäßig Sudoku spielst, trainierst du dein Kurzzeitgedächtnis. Die Fähigkeit, dich an Zahlen und Muster zu erinnern, wird mit jedem gelösten Rätsel gestärkt. Je öfter du dein Gehirn forderst, desto besser wird deine Merkfähigkeit – nicht nur beim Rätseln, sondern auch im Alltag. Also ran an die Zahlen und trainiere dein Gedächtnis auf spielerische Weise!

8					9	5		1
	6			3			4	
						8		
5							9	
				4				
		7	2	5	1			
		1	6					
						1		4
6	9	8			5			

Ein Dessert aus Diamanten

Kannst du dir vorstellen, eine Torte für fast 50 Millionen Dollar zu kaufen? Diese atemberaubende Summe wurde nicht wegen der Zutaten oder der Größe gezahlt, sondern aufgrund der luxuriösen Dekoration. Die Torte war mit 4.000 echten Diamanten besetzt, was ihren enormen Wert erklärt. Die extravagante Kreation wurde von Debbie Wingham im Auftrag einer wohlhabenden arabischen Familie für die Geburtstags- und Verlobungsfeier ihrer Tochter gebacken und kunstvoll verziert – ein wahrhaft einzigartiges Meisterwerk der Patisserie.

Funktrick: So schließt du dein Auto aus größerer Entfernung ab

Gerade vom Einkaufen zurückgekommen und bemerkt, dass du vergessen hast, das Auto abzuschließen, aber du bist schon außer Reichweite? Kein Problem! Erhöhe die Reichweite deiner Auto-Funkfernbedienung einfach, indem du den Schlüssel an deinen Kopf oder Kiefer hältst. Dieser Trick nutzt die elektromagnetische Leitfähigkeit deines Körpers – insbesondere das Wasser in deinem Kopf – um das Signal zu verstärken. Ein einfacher, aber effektiver Weg, um dein Auto aus größerer Entfernung abzuschließen.

Süße Entdeckungsreise: Desserts und Backwaren aus aller Welt

Begib dich auf eine kulinarische Entdeckungsreise rund um den Globus! In diesem Kreuzworträtsel erwarten dich typische Backwaren und Desserts aus verschiedenen Ländern, die darauf warten, von dir entdeckt zu werden. Teste dein Wissen über internationale Köstlichkeiten und finde heraus, wie gut du die berühmtesten Backkreationen der Welt kennst. Lass dich von den süßen Aromen und den traditionsreichen Backkulturen anderer Länder inspirieren.

Waagrecht:
1. Italienisches Schichtdessert mit Mascarpone, Espresso und Löffelbiskuits.
2. Süßes Gebäck aus der Türkei, bestehend aus Schichten von Blätterteig, Nüssen und Honig.
3. Französische Baiser-Gebäcke aus Mandelmehl, gefüllt mit verschiedenen Cremes.
5. Spanisches frittiertes Spritzgebäck, oft mit Zucker bestreut und in Schokolade getunkt.
8. Ein traditionelles deutsches Weihnachtsgebäck, gefüllt mit Trockenfrüchten und Marzipan.
10. Ein amerikanisches, frittiertes Gebäck mit Loch in der Mitte, oft glasiert.
13. Kleine muschelförmige französische Gebäckstücke, die weich und luftig sind.

Senkrecht:
2. Ein amerikanischer, schokoladiger Kuchen, oft mit Nüssen verfeinert.
4. Österreichisches Dessert aus dünnem Teig, gefüllt mit Äpfeln, Zimt und Rosinen.
6. Ein kleiner, runder Kuchen, besonders beliebt in den USA.
7. Ein beliebter Kuchen weltweit, oft mit einer Quark- oder Frischkäsefüllung.
9. Ein französisches Blätterteiggebäck, das oft zum Frühstück gegessen wird.
11. Ein kleiner, dekorierter Kuchen, ähnlich einem Muffin, aber oft aufwendiger verziert.
12. Ein italienisches Sahnedessert, das oft mit Beeren oder Schokoladensauce serviert wird.

Denk gut nach, es gibt nur eine Lösung 💡

Du hast eine gefüllte Streichholzschachtel und kommst in einen leeren, kalten Raum, in dem sich nur ein Kohleofen, eine Petroleumlampe und ein Kamin steht. Was Zündet du zuerst an?

Die Wahrheit über deine Zunge

Deine Zunge besitzt die Fähigkeit, fünf verschiedene Geschmacksrichtungen zu unterscheiden: süß, sauer, salzig, bitter und umami. Umami, oft als der "geheime Agent" unter den Geschmäckern bezeichnet, ist verantwortlich für den herzhaften Geschmack, den wir in vielen köstlichen Gerichten lieben.

Krimirätsel 4

Das Rätsel der tödlichen Tabletten

Ein Serienmörder entführt seine Opfer und zwingt sie, eine von zwei Tabletten auszuwählen: Eine soll harmlos sein, die andere tödlich. Der Mörder nimmt immer die übriggebliebene Pille. Doch egal, für welche Tablette sich das Opfer entscheidet, es stirbt jedes Mal, während der Mörder unversehrt bleibt.

Wie kann das sein?

Sudoku-Sucht: Knobelspaß mit Glücksgefühlen

Sudoku ist nicht nur eine entspannende Herausforderung, sondern bringt auch ein kleines Glücksgefühl mit sich. Jedes Mal, wenn du ein Rätsel erfolgreich abschließt, setzt dein Gehirn Dopamin frei – das „Glückshormon". Dieses chemische Signal verbessert nicht nur deine Laune, sondern steigert auch deine Motivation, weiterzumachen und neue Herausforderungen anzunehmen. Also gönn dir einen Extra-Schub an Glücksgefühlen!

6								
		5			2		4	
				3	7		8	
7					5			
8			7		9			
	5			2			6	3
		6	4	8		2		
		2				4	9	
								8

Scherzfrage

Was macht eine Wolke, wenn es juckt?

Sie sucht sich einen Wolkenkratzer. (falsch rum bitte)

Unglaublich, aber wahr!

Wusstest du das jährlich mehr Menschen durch Sektkorken sterben, als durch giftige Spinnen?

Köstlichkeiten im Wandel der Jahreszeiten: Das saisonale Kreuzworträtsel

Dieses Kreuzworträtsel entführt dich in die Welt der saisonalen Genüsse. Von frischem Frühgemüse über sommerliche Früchte bis hin zu den wärmenden Aromen des Winters – finde heraus, wie gut du dich mit den kulinarischen Highlights jeder Jahreszeit auskennst. Erkunde die wechselnden Schätze der Natur und entdecke, was jede Saison an Leckereien zu bieten hat.

Waagrecht:

2. Ein beliebtes Herbstgemüse, das oft für Suppen und Kuchen verwendet wird.
5. Ein Waldprodukt, das besonders im Herbst gesammelt wird und in Suppen oder Saucen verwendet wird.
6. Eine Nuss, die im Herbst reift und in vielen Backwaren verwendet wird.
9. Eine Sommerfrucht, die häufig in Kuchen und Desserts verwendet wird.
10. Eine Frucht, die im Herbst geerntet wird und für Kuchen, Saft und Apfelmus verwendet wird.
11. Zitrusfrüchte, die besonders im Winter beliebt sind und häufig für Säfte und Desserts verwendet werden.

Senkrecht:

1. Ein Gemüse, das im Frühling geerntet wird.
3. Eine Frucht, die im Sommer geerntet und oft für Desserts verwendet wird.
4. Ein Gemüse, das im Frühling wächst und oft in Kuchen verarbeitet wird.
5. Eine Frucht, die im Spätsommer geerntet wird und in Kuchen oder Marmelade Verwendung findet.
7. Eine essbare Kastanie, die im Herbst und Winter beliebt ist, oft geröstet.
8. Eine Zitrusfrucht, die das ganze Jahr über verfügbar ist, aber besonders im Winter für Heißgetränke beliebt ist.

Tiramisu: Das Dessert mit einer bewegten Geschichte

Tiramisu, das berühmte italienische Dessert, hat eine interessante Herkunft, die weit über seine köstlichen Aromen hinausgeht. Ursprünglich wurde Tiramisu während des Zweiten Weltkriegs entwickelt, um als Energiespender für Soldaten zu dienen. Sein Name, der übersetzt „zieh mich hoch" bedeutet, verweist auf die belebende Wirkung des Desserts – eine süße Mischung aus Kaffee, Mascarpone und Kakao, die nicht nur den Gaumen erfreut, sondern auch neue Kraft spendet. Was einst ein einfaches Mittel zur Stärkung war, ist heute ein weltweit geliebtes Dessert, das in unzähligen Variationen genossen wird.

Das Zimmer der Glühbirnen

Du stehst vor drei Lichtschaltern, die zu drei verschiedenen Glühbirnen in einem anderen Raum führen, den du nicht einsehen kannst. Du darfst nur einmal in den Raum gehen, um zu überprüfen, welcher Schalter zu welcher Glühbirne gehört.
Wie findest du es heraus?

Keine Tränen mehr beim Zwiebelschneiden

Brennende Augen beim Zwiebelschneiden können schnell den Spaß am Kochen verderben. Deshalb lege das Schneidebrett direkt auf den Herd und schalte die Dunstabzugshaube ein, um die scharfen Dämpfe sofort abzusaugen. Keine Dunstabzugshaube zur Hand? Versuch stattdessen, die Zunge herauszustrecken, während du die Zwiebeln schneidest. Diese ungewöhnlichen, aber effektiven Methoden verhindern, dass die reizenden Stoffe deine Augen erreichen. Probier es aus und sag den Tränen Lebewohl!

Sudoku-Meisterin: Kannst du dieses knifflige Sudoku lösen?

SCHWER

Bist du bereit für eine Herausforderung, die selbst erfahrene Knoblerinnen ins Schwitzen bringt? Dieses schwere Sudoku stellt deine grauen Zellen vor eine echte Prüfung. Mit Geduld, Logik und vielleicht einer Tasse Kaffee wirst du es aber sicher meistern.

5		2				4		
6		9	1					
		4			8			
3	9							
				8	6			7
	6	7	4		5			
							4	5
7	2	3		6	4	8		
4			3		1	7		

Spaghetti im Weltall: Ein kulinarischer Meilenstein der Apollo 11 Mission

Im Jahr 1969, während der historischen Apollo 11 Mission, wurde nicht nur Geschichte geschrieben, als der erste Mensch den Mond betrat – auch kulinarisch gab es einen besonderen Moment. Die Astronauten brachten Spaghetti mit ins Weltall und machten so das klassische italienische Gericht zum ersten Mal zum Teil des Alltags in der Schwerelosigkeit. In den engen Kabinen der Raumkapsel genossen die Astronauten das vertraute Mahl, das sie an die Erde erinnerte, während sie sich auf ein Abenteuer begaben, das die Menschheit für immer veränderte. Dieser kulinarische Meilenstein zeigt, wie wichtig selbst einfache, vertraute Gerichte in den außergewöhnlichsten Momenten sein können.

Erfrischende Getränke-Weltreise: Cocktails, Tees und mehr

Tauche ein in die Welt der erfrischenden Getränke! In diesem Kreuzworträtsel dreht sich alles um Cocktails, Tees und klassische Getränke aus verschiedenen Kulturen. Entdecke internationale Genussmomente, die den Durst stillen und den Gaumen erfreuen. Teste dein Wissen und finde heraus, wie gut du dich in der Welt der erfrischenden Drinks auskennst. Viel Spaß beim Rätseln!

Waagrecht:
3. Traditioneller japanischer Reiswein
6. Indischer Gewürztee, der oft mit Milch serviert wird
7. Limonade, Erfrischungsgetränk aus Zitronensaft, Zucker und Wasser
9. Latte, Italienisches Getränk aus Espresso und aufgeschäumter Milch

Senkrecht:
1. talienischer starker Kaffee, der in kleinen Mengen serviert wird.
2. Kubanischer Cocktail mit Minze, Limette und Rum
4. Südamerikanischer Tee, der aus den Blättern der Mate-Pflanze zubereitet wird
5. Tequila, Mexikanischer Schnaps, der aus der blauen Agave gewonnen wird
8. Caipirinha, Brasilianischer Cocktail mit Limetten, Zuckerrohrschnaps und Zucker

Scherzfrage

Wie lautet der Vorname vom Reh?

Karotffelpü

Der Traum von ewiger Jugend

Es gibt eine Qualle, die Turritopsis dohrnii, die tatsächlich als „unsterblich" gilt. Wenn sie verletzt wird oder alt ist, kann sie ihren Lebenszyklus von vorne beginnen. Stell dir vor, du könntest wieder zum Kind werden, jedes Mal wenn du alt wirst – ewige Jugend!

Krimirätsel 5

Mord am ersten Schultag: Wer lügt?

Am ersten Schultag wurde ein Sportlehrer ermordet. Die Polizei hatte 4 Verdächtige: den Gärtner, den Mathelehrer, den Trainer und den Schuldirektor. Alle 4 hatten Alibis:

A) Der Gärtner hat zu der Zeit Büsche geschnitten.
B) Der Mathelehrer hielt einen Halbjahres-Test ab.
C) Der Trainer spielte Basketball.
D) Der Direktor war in seinem Büro.

Der Mörder wurde allerdings sofort verhaftet.

Wer hat den Geografielehrer getötet, und wie hat die Polizei das Geheimnis gelüftet?

Sudoku-Herausforderung: Für echte Meisterinnen 40

Willkommen zur ultimativen Prüfung deiner Sudoku-Fähigkeiten! Dieses Rätsel fordert selbst die erfahrensten Knoblerinnen heraus. Jetzt hast du die Chance, deine logischen Fähigkeiten und Geduld bis an die Grenzen zu bringen. Bist du bereit, den Endgegner der Sudokus zu meistern? Zeig, dass du eine wahre Sudoku-Meisterin bist, und stelle dich dieser anspruchsvollen Aufgabe. Viel Erfolg – du wirst es schaffen!

	2			3				
	8				5		3	2
	3				9			
	6				8		7	
	1	4						
7	2	9						5
				8		7	4	9
		7	1				2	
						1		

Wenn Bohnen Beine hätten...

Es gibt Bohnen, die scheinbar springen können. Die „Mexikanische Springbohne" bewegt sich durch die Bewegungen einer kleinen Raupe im Inneren. Es sieht aus, als hätten die Bohnen ihren eigenen eingebauten Motor!

Kaiserschmarrn: Der Zufall, der zum Klassiker wurde

Die Entstehung des berühmten österreichischen Kaiserschmarrns ist eine Geschichte, in der ein Missgeschick zur Geburtsstunde eines kulinarischen Klassikers führte. Der Legende nach entstand der Kaiserschmarrn, als ein Koch versuchte, einen misslungenen Palatschinken (Pfannkuchen) zu retten. Anstatt den Fehler zu verbergen, zerriss er den Pfannkuchen in Stücke und bestreute ihn großzügig mit Puderzucker. Was als einfache Notlösung begann, entwickelte sich zu einem geliebten Dessert, das heute aus der österreichischen Küche nicht mehr wegzudenken ist.

Winterliche Genüsse: Das Kreuzworträtsel rund um Weihnachtsgebäck

Hier dreht sich alles um die süßen Verlockungen, die die Weihnachtszeit so besonders machen. Tauche ein in die Welt des traditionellen Weihnachtsgebäcks und teste dein Wissen über die festlichen Köstlichkeiten, die in der Adventszeit nicht fehlen dürfen. Entdecke die Vielfalt der Leckereien, die uns die kalte Jahreszeit versüßen, und genieße das Rätselvergnügen rund um die Weihnachtsbäckerei!

Waagrecht:

1. Ein traditionelles, gewürztes Weihnachtsgebäck, oft mit Zimt und Honig zubereitet.
2. Kleines, mondförmiges Gebäck aus Mürbeteig, das mit Puderzucker bestäubt wird.
3. Ein reichhaltiges Weihnachtsgebäck, gefüllt mit Trockenfrüchten, Marzipan und Puderzucker bestäubt.
5. Ein sternförmiges Gebäck aus Mandeln und Zimt, überzogen mit einer Zuckerglasur.
6. Kokos- oder Mandelgebäck, das aus Eiweiß und Zucker zubereitet wird und besonders saftig ist.
8. Kleine, würzige Kekse mit einer knusprigen Kruste und einem weichen Inneren.
12. Ein mürbes Gebäck, das in verschiedenen Formen durch einen Spritzbeutel oder Fleischwolf gedrückt wird.

Senkrecht:

4. Ein knuspriges Weihnachtsgebäck, gewürzt mit Zimt und Kardamom, oft mit Motiven verziert.
7. Einfaches Mürbeteiggebäck, das gerne in weihnachtlichen Formen ausgestochen und verziert wird.
8. Ein würziges Honiggebäck aus Aachen, das mit Nüssen oder Schokolade verfeinert werden kann.
9. Ein schweres, fruchtiges Weihnachtsgebäck, oft mit Marzipan gefüllt und mit Puderzucker bestäubt.
10. Eine süße Mandelmasse, die oft in Form von kleinen Figuren oder Riegeln genossen wird.
11. Ein mehrschichtiges Gebäck aus Lebkuchen, Fruchtgelee und Marzipan, umhüllt von Schokolade.
13. Eine besonders feine Variante des Lebkuchens, die mehr Nüsse und kaum Mehl enthält, oft mit Schokolade überzogen.

Der Exklusivste Kaffee der Welt: Ein Luxusgenuss der besonderen Art

Kopi Luwak gilt als der teuerste Kaffee der Welt und fasziniert durch seine außergewöhnliche Herstellung. Die Bohnen, aus denen dieser exklusive Kaffee entsteht, werden von Schleichkatzen gefressen und nach der Verdauung wieder ausgeschieden. Durch diesen ungewöhnlichen Prozess werden die Kaffeebohnen auf besondere Weise fermentiert, was dem Kaffee seinen einzigartigen Geschmack verleiht. Für diesen Luxus muss man tief in die Tasche greifen – der Preis kann bis zu 1200 Euro pro Kilogramm betragen. Ein Genuss für echte Feinschmecker!

Sudoku-Queen: Diese Herausforderung gehört dir

Dieses Sudoku sollte für dich kein Problem mehr sein! Nach all den vorherigen Rätseln hast du bereits gezeigt, dass du ein Gespür für Zahlen hast. Setze dein Können ein, löse es mit Leichtigkeit und genieße das Erfolgserlebnis – du bist auf dem besten Weg zur Sudoku-Meisterin!

	8						7	
		4						1
			8	6	2			
	4			3	6		8	
			1					9
1		9						5
				4		2		
5	6			2				
			3		8		1	

Rekordverdächtiges Wurzelgemüse: Die längste Karotte der Welt

2007 sorgte ein britischer Gärtner für Aufsehen, als er die längste Karotte der Welt erntete. Mit einer unglaublichen Länge von 6,245 Metern setzte er einen Weltrekord, der jeden Gärtner inspiriert. Dieses beeindruckende Wurzelgemüse zeigt, was mit Geduld und Hingabe im Garten alles möglich ist!

Krimirätsel 6

Drei Türen, eine Wahl: Wählst du den sicheren Tod?

Ein verurteilter Verbrecher muss zwischen drei Türen wählen: Hinter der ersten tobt ein loderndes Feuer, hinter der zweiten wartet ein bewaffneter Verbrecher, und hinter der dritten Tür sind hungrige Tiger, die seit Jahren nichts mehr gefressen haben.

Welche Tür ist die sicherste Wahl?

Knacke das Superfood-Rätsel: Deine Power-Zutaten im Fokus!

Entdecke in diesem Kreuzworträtsel die gesündesten Superfoods und Zutaten, die dir Energie und Vitalstoffe liefern. Ob Früchte, Samen oder exotische Wurzeln – jede Antwort verbirgt sich hinter einem Hinweis auf kraftvolle Nährstoffe. Teste dein Wissen und finde heraus, welche Lebensmittel deinen Körper rundum unterstützen!

Waagrecht:
1. Süße rote Frucht, reich an Vitamin C und Antioxidantien
3. Grünes Blattgemüse, das reich an Eisen und Vitamin K ist
4. Asiatische Wurzel, bekannt für ihre entzündungshemmenden Eigenschaften
5. Exotisches Obst, das reich an Vitamin C ist
7. Samen, die reich an Ballaststoffen und Omega-3-Fettsäuren sind
9. Tropische Frucht, reich an Kalium und als Snack beliebt

Senkrecht:
2. Kleine Samen, die reich an Omega-3-Fettsäuren sind
6. Getreideart, die glutenfrei ist und als Superfood gilt
8. Cremiger, grüner Fruchtaufstrich, oft auf Toast serviert
9. Dunkle Beere, reich an Antioxidantien und Vitamin C

Das weltgrößte Omelett: Ein Rekord für die Ewigkeit

In der Türkei wurde ein beeindruckender Weltrekord aufgestellt: das größte Omelett der Welt! Ganze 6.466 Kilogramm brachte das Riesengericht auf die Waage. Für dieses gigantische Omelett wurden unglaubliche 100.000 Eier verwendet. Eine Gruppe von Köchen stand um eine riesige Pfanne und musste mit langen Schiebern unermüdlich rühren, um das Omelett gleichmäßig zu braten und zu verhindern, dass es anhaftet. Mit dieser außergewöhnlichen Leistung schafften sie es ins Guinness-Buch der Weltrekorde und hinterließen einen bleibenden Eindruck in der Welt der kulinarischen Höchstleistungen.

Sudoku für die Gesundheit: Trainiere dein Gehirn

Sudoku ist nicht nur ein unterhaltsames Zahlenrätsel, sondern kann auch einen positiven Einfluss auf dein Gedächtnis haben. Regelmäßiges Rätsellösen, wie Sudoku, kann das Risiko von Alzheimer oder Demenz verringern. Denn das Lösen solcher Rätsel fördert die kognitiven Fähigkeiten und stärkt die neuronalen Verbindungen im Gehirn. Studien zeigen, dass Menschen, die regelmäßig Rätsel lösen, länger geistig fit bleiben und weniger anfällig für Gedächtnisverlust sind.

	6			8		2		1
7		8	6					
	2	1		9				
				9			4	
	8					7		
2		9		5		1		
	1							2
					6			
				4			9	3

Pizza im All: Ein kulinarischer Meilenstein in der Geschichte der Raumfahrt

Im Jahr 2001 gelang Pizza Hut etwas, das niemand zuvor gewagt hatte: Die erste Pizza-Lieferung ins Weltall! Diese historische Lieferung brachte eine köstliche Pizza zur Internationalen Raumstation (ISS), die speziell für die Bedingungen im Weltraum entwickelt wurde. Die Astronauten an Bord genossen die Pizza, die auf ihre Bedürfnisse angepasst war – mit etwas weniger Salz und einem Teig, der lange haltbar blieb.

Dieses spektakuläre Ereignis markierte nicht nur einen Werbecoup für Pizza Hut, sondern auch einen neuen Höhepunkt in der Weltraumverpflegung. Seitdem wissen wir: Auch weit weg von der Erde können wir uns an einem Stück Pizza erfreuen – ein echter kulinarischer Meilenstein!

Winterzauber im Kreuzworträtsel: Entdecke festliche Aromen

In diesem Rätsel dreht sich alles um die verführerischen Düfte und Gewürze, die den Winter so besonders machen. Ob beim Backen, in heißen Getränken oder in herzhaften Speisen – die richtigen Aromen bringen die festliche Stimmung direkt in die Küche.

Waagrecht:
1. Braunes Gewürz aus getrockneter Rinde, oft in Gebäck verwendet
2. Kleines braunes Gewürz, das stark duftet und in Weihnachtsplätzchen beliebt ist
3. Würziges Pulver aus getrockneten Wurzeln, oft in Lebkuchen verwendet
5. Zutat für Glühwein, aromatisch und würzig
8. Hauptzutat in heißer Schokolade und winterlichen Süßspeisen

Senkrecht:
4. Starkes Gewürz, das in kleinen Mengen zu herzhaften und süßen Gerichten passt
6. Kleine, scharfe Schoten, oft in herzhaften Gerichten verwendet
7. Geriebene Schale, die in vielen süßen Backwaren für Frische sorgt
9. Natürliche Süße, die oft in winterlichen Tees und Backwaren verwendet wird

Rätselkrimi 7

Perfektes Verbrechen? Nicht ganz!

Ein Mann ermordet seine Frau mit einem Messer in ihrem Auto. Es gibt keine Zeugen. Er wirft sie aus dem Auto und achtet darauf, keine Fingerabdrücke auf ihrem Körper und im Auto zu hinterlassen. Als nächstes wirft er das Messer von einer Klippe in eine Schlucht, wo es nie gefunden wird und er geht nach Hause. Eine Stunde später ruft die Polizei den Mann an und sagt ihm, dass seine Frau ermordet wurde und er sofort zum Tatort kommen muss. Sobald er ankommt, wird er verhaftet. Woher wussten sie, dass er es getan hat?

Wie konnte die Polizei so sicher sein, dass er der Täter war?

Der Bagel: Ein Symbol des Lebenszyklus mit polnischen Wurzeln

Der Bagel, heute ein beliebtes Frühstücksgebäck auf der ganzen Welt, hat eine tiefe und symbolische Geschichte. Ursprünglich in Polen erfunden, wurde der Bagel als Symbol für den Lebenszyklus betrachtet, da seine runde Form keinen Anfang und kein Ende hat. Diese Bedeutung, gepaart mit seiner einzigartigen Textur und dem köstlichen Geschmack, hat dem Bagel zu seiner weltweiten Beliebtheit verholfen. Was einst ein einfaches Gebäck mit tiefem kulturellen Hintergrund war, ist heute ein fester Bestandteil des Frühstücks in vielen Ländern.

Das große Finale: Das ultimative Sudoku für Profis

Herzlichen Glückwunsch! Du hast es fast geschafft – doch vor dir liegt das letzte und schwierigste Sudoku im Buch. Hier wird dein ganzes Können gefordert. Jedes Feld, jede Zahl will genau durchdacht sein, bevor du sie platzierst.

Wenn du dieses Rätsel meisterst, zeigst du nicht nur Geduld und Konzentration, sondern auch, dass du eine echte Sudoku-Expertin bist!

			11		1	12			10	4	
	11	7					3		9		
		8		2			1				12
11	4			8		5	7				
		10			11					4	
8				1			5		3		
	8		5				4				
7			10		6	4					
	3							8	9		1
10		5	2			11					
		9	4			10					
								12	10	1	

In diesem Kapitel sind die Zutaten für köstliche Rezepte in kniffligen Wortsuchrätseln versteckt. Sobald du alle Zutaten gefunden hast, wartet auf der nächsten Seite das vollständige Rezept auf dich. Viel Spaß beim Rätseln und Entdecken – und danach natürlich beim Nachmachen!

Fruchtig und nussig: Das perfekte Bananenbrot

Bananenbrot ist die ideale Kombination aus Frucht und Nuss. Hinter diesem köstlichen Rezept stecken besondere Zutaten, die du im Wortsuchrätsel entdecken kannst. Suchst du die natürliche Süße oder den extra Crunch? Lass dich überraschen, welche Zutaten dieses Bananenbrot so einzigartig machen, und finde sie alle im Rätsel!

W	I	C	U	Z	B	Z	V	I	Z	V	V	N	A	F	Z	Y	I	F
D	T	P	W	E	U	S	R	L	I	H	P	T	G	S	O	Z	G	Q
U	S	A	M	I	T	A	B	V	M	J	T	D	C	F	I	Y	C	K
R	A	K	U	V	T	M	B	R	T	Y	M	Y	H	L	I	V	O	Q
L	L	G	A	X	E	B	E	I	W	P	E	J	B	N	G	Q	M	H
L	Z	X	Z	Q	R	I	Z	H	A	I	D	A	R	Y	U	E	R	W
B	Z	Y	W	E	E	E	R	H	L	X	T	Q	N	G	H	V	Y	F
W	A	K	K	K	C	Z	L	P	N	X	C	G	A	P	H	S	U	L
A	X	C	F	Y	Q	L	F	Y	U	N	Q	J	U	K	Q	L	O	X
D	U	Q	K	B	A	N	A	N	E	N	M	P	S	N	T	Q	Q	U
Z	U	P	P	P	N	E	P	U	S	R	R	T	F	N	H	Q	W	B
Q	F	E	S	O	U	M	F	W	S	K	S	F	U	Q	A	V	Q	G
B	P	V	A	N	I	L	L	E	E	X	T	R	A	K	T	Y	R	J
H	S	J	D	F	Y	X	V	T	L	F	R	A	Q	V	F	U	N	M
G	V	Q	K	D	I	D	L	E	U	U	I	S	R	N	X	P	G	Q
D	O	P	F	V	T	T	C	E	R	Q	X	C	P	E	G	W	F	U
P	B	L	F	D	B	W	X	I	P	B	N	B	O	A	T	K	B	K
R	E	Q	G	J	X	M	C	A	R	P	N	Z	D	M	S	M	U	B
T	O	Y	J	O	X	P	K	V	O	B	C	Z	H	G	G	A	D	A

Bananenbrot ist die perfekte Symbiose aus der natürlichen Süße reifer Bananen und dem knackigen Biss von Walnüssen. Dieses Rezept vereint beides auf köstliche Weise zu einem saftigen, nussigen Brot, das als Frühstück, Snack oder Dessert einfach immer passt. Die Kombination der Zutaten macht dieses Bananenbrot besonders aromatisch und unwiderstehlich.

Zutaten:

- 3 reife Bananen
- 250 g Mehl
- 150 g Zucker
- 100 g weiche Butter
- 2 Eier
- 50 g Walnüsse, gehackt
- 1 TL Backpulver
- 1 TL Zimt
- 1 TL Vanilleextrakt
- 1 Prise Salz

1. Den Ofen auf 180°C Ober-/Unterhitze vorheizen. Eine Kastenform einfetten.

2. Bananen in einer Schüssel zerdrücken. Butter, Zucker, Eier und Vanilleextrakt hinzufügen und gut vermengen.

3. Mehl, Backpulver, Zimt und Salz in einer separaten Schüssel mischen und zur Bananenmischung geben. Walnüsse unterheben.

4. Den Teig in die Kastenform füllen und ca. 55 Minuten backen, bis das Bananenbrot goldbraun ist. Komplett auskühlen lassen, bevor es aus der Form genommen wird.

Cremig und köstlich: Der klassische Cheesecake

Ein Stück Cheesecake ist der Inbegriff von Cremigkeit und Genuss. Dieses Rezept vereint die Aromen von Vanille, Zitronensaft und Keksbröseln zu einem unwiderstehlichen Dessert. Finde die wesentlichen Zutaten im Wortsuchrätsel und erlebe, was diesen Cheesecake so einzigartig macht.

E	C	L	B	H	Q	E	A	T	N	E	G	K	X	T	Z	F	U
N	V	A	N	I	L	L	E	Z	U	C	K	E	R	O	T	R	K
J	J	P	A	W	B	I	P	I	L	A	J	K	K	I	R	H	A
J	I	T	T	B	F	E	V	T	G	U	U	S	G	T	O	G	L
Z	A	X	B	A	U	P	F	R	R	N	W	B	G	B	L	F	M
M	R	T	F	G	Y	T	A	O	E	I	E	R	K	F	O	A	H
F	R	K	N	G	M	L	T	N	M	Y	L	O	Y	N	I	Q	Q
C	I	V	P	U	C	D	G	E	P	E	E	S	Q	B	E	E	T
Z	V	F	Z	D	K	G	N	N	R	S	H	E	Y	M	T	D	W
S	K	L	G	J	X	H	A	S	E	A	N	L	Y	M	B	X	E
J	L	O	R	Q	A	N	W	A	M	L	L	Y	J	S	G	N	C
C	Q	C	F	S	E	O	K	F	N	Z	W	P	V	S	C	S	H
P	B	Y	I	A	C	H	F	T	P	V	Z	U	C	K	E	R	V
A	R	C	R	L	C	D	S	P	D	B	A	E	P	R	S	J	R
P	H	H	W	S	A	T	T	O	A	S	V	Y	Z	Z	G	V	M
V	L	K	I	W	J	W	A	X	W	X	Y	X	S	R	S	E	Z
E	Z	R	H	O	I	V	T	J	S	I	S	W	X	H	U	M	E
Q	F	R	W	D	I	H	W	Q	Y	F	I	S	Z	U	Y	B	O

Cheesecake ist der Inbegriff von cremigem Genuss. Mit seiner zarten Frischkäsefüllung und dem knusprigen Keksboden ist dieser Kuchen ein Highlight für jede Kaffeetafel. Unser Rezept kombiniert die feinen Aromen von Vanille mit einer samtigen Creme, die auf einem köstlichen Keksboden ruht. Perfekt für alle, die einen klassischen Cheesecake lieben!

Zutaten:

Für den Boden:
- 150 g Keksbrösel
- 55 g Butter
-

Für die Cheesecake-Creme:
- 300 g Frischkäse
- 2 Eier
- 500 g Sahne
- 1 Pck. Vanillezucker
- 120 g Zucker
- 50 g Mehl
- 1 Prise Salz
- 1 Zitrone

1. Die Keksbrösel in einer Küchenmaschine fein mahlen. Butter bei schwacher Hitze in einem Topf schmelzen, vom Herd nehmen und die Keksbrösel unterrühren. Diese Mischung gleichmäßig auf den Boden einer Springform (Ø 24–26 cm) verteilen und leicht andrücken. Den Ofen auf 180°C Ober-/Unterhitze vorheizen.
2. Frischkäse, Eier, Sahne, Vanillezucker und Zucker in eine Schüssel geben und zu einer glatten Creme verquirlen. Mehl und eine Prise Salz hinzufügen und gründlich unterrühren.
3. Die Cheesecake-Creme auf den vorbereiteten Boden geben und glatt streichen. Den Kuchen auf mittlerer Schiene ca. 45 Minuten backen, bis er leicht goldgelb ist.
4. Den Kuchen aus dem Ofen nehmen und in der Form auf einem Kuchengitter vollständig auskühlen lassen. Den Cheesecake mindestens 2 Stunden im Kühlschrank durchkühlen lassen. Vor dem Servieren vorsichtig vom Rand der Form lösen und auf eine Tortenplatte setzen.

Aromatischer Genuss: Mohnkuchen für Feinschmecker

Mohnkuchen ist ein klassisches Gebäck, das mit seinem intensiven Aroma und seiner besonderen Textur begeistert. Die Kombination von Mohn, Zitrone und Vanille macht dieses Rezept zu einem echten Highlight. Suche die essentiellen Zutaten im Wortsuchrätsel und entdecke, was diesen Kuchen so besonders macht.

```
I D A K J E L P F X R M U W T I X N T
A F U D Z C H E D G A Q Y Z M Y M A R
R U V X J L D Q S J T U F D L Z B E B
Y E B A C K P U L V E R Q K P I T A L
B T F Z N K P H Z C G B G J P T U H O
O Q X H E I C C T X F F D U R G Z W
I E O I F I L Q T P T N H B D O W D W
P M G D D M I L C H F Y P P E N L O M
I W S A V E L S E N M N A E R E N Y L
H P Q H Z P A E T Z U S O Y Z N J D E
T W Y P L P L I T J U S U L U S P J Z
J L S R T M D E M K O C M F C C H A R
L J U X Z R L R U F U G K M K H Z C A
O U A L H U M L U A U D Y E E A U B K
Q O F S F T T E B V E X G R R L C J E
I G U V R T A R H H H F R Z X E K M O
U Q B Y W Y K M Z L W N R O O O E D N
B K N Z B P Y U B S X B X D W G R S C
P A H Z H H I K T V V G T N B D E F T
```

Dieser Mohnkuchen ist ein wahrer Genuss für Liebhaber von aromatischen Backwaren. Die Kombination aus zarter Mohnfüllung und knusprigen Streuseln macht ihn zu einem Highlight auf jeder Kaffeetafel.

Zutaten:

Für den Mürbeteig:
- 150 g Mehl
- 75 g Butter
- 70 g Zucker
- 1 Pck. Vanillezucker
- 1 TL Backpulver
- 1 Ei (Gr. M)

Für die Streusel:
- 100 g Zucker
- 100 g Butter
- 150 g Mehl
- 1 Prise Zimt

Für die Füllung:
- 250 g Magerquark
- 200 g Schmand
- 2 Eier (Gr. M)
- 2 Pck. Vanillezucker
- 100 g Zucker
- 1 Pck. Vanillepuddingpulver
- 2 Pck. backfertige Mohnfüllung (je 250 g)
- etwas Puderzucker zum Bestreuen

1. Mürbeteig vorbereiten: Mehl, Butter, Zucker, Vanillezucker, Backpulver und das Ei in eine Rührschüssel geben und zu einem glatten Teig verkneten. Den Teig für 30 Minuten im Kühlschrank ruhen lassen. Den Backofen auf 180°C Ober-/Unterhitze (Umluft: 160°C) vorheizen. Eine Springform (Ø 26 cm) einfetten und mit Mehl bestäuben.
2. Teig in die Form drücken: Den Teig auf einer leicht bemehlten Arbeitsfläche ausrollen und in die Springform legen. Den Teig festdrücken und dabei einen 3 cm hohen Rand hochziehen. Für die Streusel Zucker, Butter, Mehl und Zimt in einer Schüssel mischen, bis sich Streusel bilden. Die Streusel kalt stellen.
3. Füllung zubereiten: Für die Mohnfüllung den Quark, Schmand und die Eier mit Zucker und Vanillezucker gut verrühren. Das Vanillepuddingpulver einrühren und dann die Mohnfüllung unterheben. Die Mohnmasse auf dem Mürbeteig verteilen und glatt streichen.
4. Kuchen backen: Den Mohnkuchen im vorgeheizten Ofen ca. 25 Minuten vorbacken, bis sich eine leichte Haut auf der Oberfläche bildet. Den Kuchen aus dem Ofen nehmen und die vorbereiteten Streusel darüber streuen. Weitere 20 Minuten backen, bis die Streusel goldbraun sind.
5. Abkühlen und servieren: Den Mohnkuchen aus dem Ofen nehmen und vollständig abkühlen lassen. Mit Puderzucker bestäuben und kühl servieren.

Saftig und würzig: Der beliebte Karottenkuchen

Karottenkuchen ist ein Dauerbrenner, wenn es um saftiges, würziges Gebäck geht. Die Mischung aus Karotten, Walnüssen und Zimt verleiht diesem Kuchen seinen unverwechselbaren Geschmack. Entdecke die Zutaten, die ihn so lecker machen, im Wortsuchrätsel.

W	U	D	O	R	A	N	G	E	N	S	A	F	T	F	C
Y	L	T	M	M	X	M	Q	H	R	A	K	O	J	Y	G
P	G	A	M	D	V	X	L	U	B	V	P	Y	G	P	M
O	Z	B	X	Z	I	M	T	O	D	S	O	Q	H	B	F
N	F	F	A	U	B	C	W	V	B	S	N	T	G	Q	Z
Y	X	B	E	C	U	T	Z	J	C	S	L	X	Y	C	B
T	O	H	Q	K	K	Z	Z	X	O	O	O	Z	Y	M	U
X	Z	D	D	E	A	P	M	E	H	L	H	Z	R	N	I
L	M	Y	Y	R	R	P	U	D	Z	N	T	I	W	S	O
P	M	A	E	K	O	O	E	L	G	X	Q	V	Y	S	I
E	V	I	N	C	T	A	A	Y	V	L	F	L	B	L	P
B	E	K	S	D	T	S	H	I	Z	E	J	X	K	P	S
S	Z	R	Y	R	E	L	I	G	B	R	R	W	J	H	A
C	X	C	E	Y	N	L	H	C	S	V	C	X	I	P	E
X	M	X	H	S	B	L	N	R	B	E	P	J	O	L	X
T	S	R	J	B	Z	T	B	T	C	C	B	M	A	P	H

Karottenkuchen ist nicht nur zur Oster- und Weihnachtszeit ein absoluter Genuss. Dieser Kuchen vereint die Süße von Karotten mit dem frischen Aroma von Orangenschale und einer zarten Glasur. Perfekt, um Familie und Freunde mit einem leckeren und saftigen Kuchen zu verwöhnen.

Zutaten:

Für den Teig:
- 400 g Karotten, fein gerieben
- 1 Prise Salz
- 1 TL Orangenschale, abgerieben
- 200 g gemahlene Mandeln
- 200 g Weizenmehl (Type 405)
- 2 TL Backpulver
- 4 Eier (Gr. M)
- 250 g Zucker
- 100 ml Sonnenblumenöl
- 2 EL Orangensaft
- etwas Butter für die Form

Für die Glasur & Deko:
- 200 g Puderzucker
- 3 EL Orangensaft
- 1 Pck. Marzipanmöhren

1. Teig vorbereiten: Den Ofen auf 180°C Ober-/Unterhitze (Umluft: 160°C) vorheizen. Eine Springform (Ø 26 cm) gut einfetten. Karotten schälen und fein reiben. Die geriebenen Karotten mit Salz, abgeriebener Orangenschale, Mehl, gemahlenen Mandeln und Backpulver mischen.

2. Teig fertigstellen: Die Eier trennen. Eiweiß steif schlagen und beiseite stellen. Eigelb mit Zucker, Sonnenblumenöl und Orangensaft verrühren. Die Karotten-Mehl-Mischung zur Eiermasse geben und kurz durchrühren. Anschließend das steif geschlagene Eiweiß vorsichtig unterheben. Den Teig in die vorbereitete Springform füllen und im vorgeheizten Ofen ca. 50 Minuten backen. Danach vollständig auskühlen lassen.

3. Glasur und Dekoration: Für die Glasur den Puderzucker mit dem Orangensaft glatt rühren und gleichmäßig über den ausgekühlten Kuchen gießen. Die Glasur 1-2 Minuten anziehen lassen, dann die Marzipanmöhren rundherum auf dem Kuchen verteilen und leicht andrücken. Die Glasur vollständig fest werden lassen.

Verführerisch und intensiv: Rotweinkuchen mit Schokolade

Dieser Rotweinkuchen ist die perfekte Kombination aus tiefem, fruchtigem Rotwein und intensiver Schokolade. Mit einem Hauch von Zimt wird er besonders verführerisch. Finde die Zutaten im Wortsuchrätsel und lass dich von diesem besonderen Rezept inspirieren.

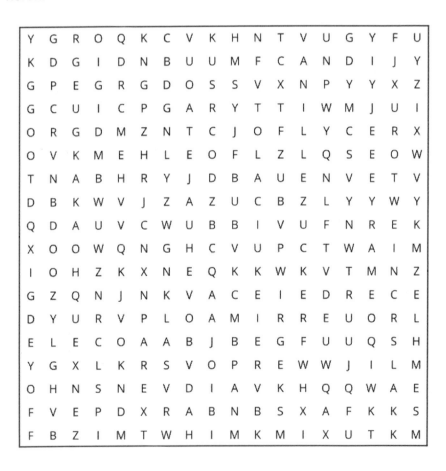

Rotweinkuchen ist die perfekte Kombination aus fruchtigem Rotwein und intensiver Schokolade. Dieser saftige Kuchen verführt mit einer feinen Zimtnote und den zarten Aromen von Rotwein und Kakao. Ideal für besondere Anlässe oder einfach, um sich selbst zu verwöhnen.

Zutaten:

- 250 g weiche Butter
- 200 g Zucker
- 1 Pck. Vanillezucker
- 4 Eier (Gr. M)
- 250 g Mehl (Type 405)
- 1 Pck. Backpulver
- 1 Prise Salz
- 1 Prise Zimt
- 5 TL Kakaopulver
- 125 ml Rotwein
- 100 g Zartbitter-Schokoraspel
- Etwas Butter für die Form
- Etwas Puderzucker zum Bestreuen

1. **Vorbereitung und Teig herstellen:** Den Ofen auf 180°C Ober-/Unterhitze (Umluft: 160°C) vorheizen. Eine Kranzform (Ø 26 cm) einfetten. Die weiche Butter mit Zucker und Vanillezucker in einer Rührschüssel cremig schlagen. Die Eier nacheinander hinzugeben und gut unterrühren.
2. **Teig vollenden:** Mehl, Backpulver, Salz, Zimt und Kakaopulver in einer separaten Schüssel vermischen. Diese Mischung abwechselnd mit dem Rotwein zur Butter-Zucker-Masse geben und gut verrühren. Zum Schluss die Schokoraspel unterheben.
3. **Backen:** Den Teig in die vorbereitete Form füllen und im vorgeheizten Ofen ca. 50 Minuten backen. Mit der Stäbchenprobe prüfen, ob der Kuchen durchgebacken ist. Den Kuchen etwa 15 Minuten in der Form abkühlen lassen, dann aus der Form lösen und auf einem Gitter vollständig auskühlen lassen.
4. **Servieren:** Vor dem Servieren den Kuchen mit Puderzucker bestreuen, um ihm eine festliche Note zu verleihen.

Erfrischender Genuss: Zitronencreme-Kuchen mit Butterkeksen

Der Zitronencreme-Kuchen mit Butterkeksboden ist die perfekte Kombination aus frischer, zitroniger Note und knuspriger Keksbasis. Seine Leichtigkeit macht ihn zum idealen Dessert für warme Tage oder als krönenden Abschluss eines festlichen Menüs. Der köstliche Geschmack und die unkomplizierte Zubereitung machen diesen Kuchen schnell zum Favoriten.

I	D	A	K	J	E	L	P	F	X	R	M	U	W	T	I	X	N	T
A	F	U	D	Z	C	H	E	D	G	A	Q	Y	Z	M	Y	M	A	R
R	U	V	X	J	L	D	Q	S	J	T	U	F	D	L	Z	B	E	B
Y	E	B	A	C	K	P	U	L	V	E	R	Q	K	P	I	T	A	L
B	T	F	Z	N	K	P	H	Z	C	G	B	G	J	P	T	U	H	O
O	Q	X	H	E	I	C	C	I	T	X	F	F	D	U	R	G	Z	W
I	E	O	I	F	I	L	Q	T	P	T	N	H	B	D	O	W	D	W
P	M	G	D	D	M	I	L	C	H	F	Y	P	P	E	N	L	O	M
I	W	S	A	V	E	L	S	E	N	M	N	A	E	R	E	N	Y	L
H	P	Q	H	Z	P	A	E	T	Z	U	S	O	Y	Z	N	J	D	E
T	W	Y	P	L	P	L	I	T	J	U	S	U	L	U	S	P	J	Z
J	L	S	R	T	M	D	E	M	K	O	C	M	F	C	C	H	A	R
L	J	U	X	Z	R	L	R	U	F	U	G	K	M	K	H	Z	C	A
O	U	A	L	H	U	M	L	U	A	U	D	Y	E	E	A	U	B	K
Q	O	F	S	F	T	T	E	B	V	E	X	G	R	R	L	C	J	E
I	G	U	V	R	T	A	R	H	H	H	F	R	Z	X	E	K	M	O
U	Q	B	Y	W	Y	K	M	Z	L	W	N	R	O	O	O	E	D	N
B	K	N	Z	B	P	Y	U	B	S	X	B	X	D	W	G	R	S	C
P	A	H	Z	H	H	I	K	T	V	V	G	T	N	B	D	E	F	T

Ob auf der Kaffeetafel oder als erfrischender Snack zwischendurch – dieser Kuchen ist ein Highlight für alle, die den fruchtigen Geschmack von Zitrone lieben. Die samtige Creme harmoniert wunderbar mit den buttrigen Keksen und sorgt für ein Genusserlebnis, das nicht nur Zitronenfans begeistert!

Zutaten:

Für den Teig:
- 250 g weiche Butter
- 180 g Zucker
- 4 mittelgroße Eier (zimmerwarm)
- 320 g Weizenmehl
- 2 TL Backpulver (gehäuft)
- 1 TL abgeriebene Zitronenschale
- 4 EL Milch (grobe Angabe)
- 1 EL Zitronensaft

Für die Zitronencreme:
- 2 Päckchen Vanille-Puddingpulver (je ca. 40 g)
- 150 ml Milch
- 150 ml Wasser
- 100 ml Zitronensaft
- 120 g Zucker
- 100 g weiche Butter

Für die Sahnehaube:
- 3 Becher Sahne (je 200 g)
- 3 Päckchen Sahnesteif
- 30 g Zucker
- Für die Keks-Deko:
- 25 Stück Butterkekse (grobe Angabe)
- 200 g Puderzucker
- 3 EL Zitronensaft
- 2 EL Wasser (grobe Menge)

1. Teig vorbereiten: Den Backofen auf 175°C Ober- und Unterhitze vorheizen. Einen Backrahmen auf ein mit Backpapier belegtes Blech stellen und auf ca. 39x39 cm einstellen, alternativ ein tiefes Blech verwenden. Die weiche Butter mit dem Zucker schaumig schlagen. Die Eier nacheinander gut unterrühren. Mehl mit Backpulver und Zitronenabrieb mischen. Zusammen mit der Milch und dem Zitronensaft unter die Butter-Eier-Creme rühren. So viel Milch verwenden, dass der Teig schwer reißend vom Löffel fällt.

Den Rührteig auf dem Blech verteilen und glatt streichen. Kuchen etwa 20 bis 23 Minuten goldgelb backen. Abkühlen lassen, währenddessen die Zitronencreme vorbereiten.

2. Zitronencreme zubereiten: Das Puddingpulver in einem Becher mit der Milch einrühren. Wasser, Zitronensaft und Zucker in einen kleinen Topf geben und aufkochen. Das angerührte Puddingpulver mit einem Schneebesen einrühren und bei mittlerer Hitze unter Rühren kurz andicken lassen. Die Masse sollte nicht extrem fest werden, damit sie verteilbar bleibt. Die weiche Butter gut unter den warmen, noch weichen Pudding rühren, und die Creme sofort gleichmäßig dünn auf dem gebackenen Kuchenboden verteilen. Den Kuchen inkl. Zitronencreme etwa 1 Stunde kühlstellen.

3. Sahnehaube und Dekoration: Die Sahne mit Sahnesteif und Zucker steif schlagen. Gleichmäßig auf dem Kuchen verteilen und glatt streichen. Den Kuchen mindestens 2 Stunden oder über Nacht kühlstellen. Nach Belieben vor oder nach der Kühlzeit mit Butterkeksen dekorieren. Für den Zitronenguss den gesiebten Puderzucker mit so viel Zitronensaft-Wasser-Mix glatt rühren, dass sich eine gut streichfähige, aber nicht zu flüssige Masse ergibt. Mit einem Löffel auf den Keksen verteilen und vorsichtig mit einer Kuchenpalette glatt streichen. Nach Belieben mit Zitronenzesten oder Zuckerstreuseln dekorieren.

Himmlischer Genuss: Blaubeer-Käsekuchen mit Streuseln

Der Blaubeer-Käsekuchen mit Streuseln bringt die perfekte Kombination aus fruchtiger Frische und cremiger Fülle auf den Teller. Die saftigen Blaubeeren harmonieren ideal mit der zarten Käsemasse, während die knusprigen Streusel dem Ganzen einen unwiderstehlichen Biss verleihen. Dieser Kuchen ist nicht nur optisch ein Highlight, sondern überzeugt auch geschmacklich auf ganzer Linie.

```
V N U J F C N H S C U Z C K S C O S H
Y O Z B A G Z P C M N O G J A N I J D
D J Z L S P U D D I N G P U L V E R I
Y K I A Z J C S B M Q J M Z P B I T Y
W U T U H U K T J Z R B W B L W R I K
K P R B F O E X C A C Q X H I B Q J B
U G O E I E R S A W L K G H H T P F Z
H M N E O U X C Q F P B O W Q C W W L
U C E R L W Y C K U B K A R B Z Z Z Y
C Z N E P S C H M A N D Q O Y Q V K O
U R S N X I S Z E S A L Z H U D Z F N
N T C N G Q E F H D M J J I I J J B E
D S H X R U K F L H W T U V A Q Z H X
T X A A K A D C K J L T A O G A D Y H
I Q L O A R B S Q B M P T Y W R L S R
E O E O I K G P H F F G M G X L F H E
R K O K A V R O Y Y Y O D M Y U E O Z
E G O L V E P M V Z Z H F W K V M D T
T J A P B A C K P U L V E R P G Q M Y
```

Ob zum Nachmittagskaffee oder als festliches Dessert: Der Blaubeer-Käsekuchen mit Streuseln verführt mit seiner einzigartigen Textur und dem Zusammenspiel verschiedener Aromen. Jeder Bissen ist ein Genuss, der Lust auf mehr macht. Die Kombination aus der Süße der Beeren, der Cremigkeit des Käsekuchens und dem Crunch der Streusel sorgt für ein unvergessliches Geschmackserlebnis, das jeden Anlass versüßt.

Zutaten

Für Boden und Streusel:
- 400 g Weizenmehl
- 3 TL Backpulver
- 190 g kalte Butter
- 120 g Zucker
- 1 großes Ei
- 1 Prise Salz

Für den Belag:
- 2 Päckchen Vanille-Puddingpulver (je ca. 40 g)
- 500 ml Milch
- 70 g Zucker (für den Pudding)
- 400 g Schmand (zimmerwarm)
- 200 g Quark (20% Fett, zimmerwarm)
- 100 g Zucker (für die Schmandcreme)
- 1/2 TL abgeriebene Zitronenschale
- 250 g Blaubeeren (grobe Menge)

1. Teig und Streusel vorbereiten: Alle Zutaten für den Teig zu einer Art Streuselteig verkneten. Den Boden einer 26 cm Springform mit Backpapier auslegen und den Rand einfetten. Etwa 200 g des Teigs abnehmen und kühlstellen – dieser Teil dient später als Streusel. Den Rest des Teigs für Boden und Rand verwenden.
Etwa drei Viertel des Teigs auf dem Boden der Form verteilen und mit den Händen oder einem Mini-Teigroller zu einem gleichmäßigen Boden festdrücken. Den restlichen Teig zu einer langen Rolle formen, am Boden entlang des Rands legen und mit den Fingern 3-4 cm hochziehen. Falls Teig übrig bleibt, einfach zu den Streuseln geben. Die ausgekleidete Form kühlstellen, während die Füllung vorbereitet wird.

2. Füllung zubereiten: Einen dicken Pudding kochen. Dazu etwa 1/4 der Milch mit den beiden Päckchen Vanillepuddingpulver in einem großen Glas oder Becher verrühren. Die restliche Milch mit 70 g Zucker in einem Topf aufkochen. Das angerührte Puddingpulver hinzugeben, zügig unterrühren und den Topf vom Herd nehmen. Den Pudding etwa 5 Minuten abkühlen lassen, dabei einige Male umrühren.
Währenddessen Schmand mit Quark, Zitronenabrieb und 100 g Zucker glatt rühren. Den Backofen auf 180°C Ober- und Unterhitze vorheizen. Die Blaubeeren waschen und trocken tupfen.
Den noch warmen Pudding löffelweise unter die Schmand-Quark-Creme rühren. Die Creme auf dem vorbereiteten Boden verteilen und mit den Blaubeeren belegen.

3. Backen: Den Kuchen 20 Minuten ohne Streusel vorbacken. Dann die vorbereiteten Streusel darüber verteilen und den Kuchen weitere 40-50 Minuten fertig backen. Falls die Oberfläche zu dunkel wird, gegen Ende der Backzeit mit Alufolie abdecken. Die Creme darf noch etwas „wackeln", sie wird beim Abkühlen fester.

4. Den Kuchen im ausgeschalteten Ofen bei leicht geöffneter Tür abkühlen lassen. Danach vor dem Anschneiden einige Stunden oder über Nacht in den Kühlschrank stellen.

Fruchtig frisch: Saftiger Limettenkuchen mit Limettenguss

Der Limettenkuchen mit Limettenguss ist eine wahre Gaumenfreude für alle, die es spritzig und frisch lieben. Der saftige Rührteig ist wunderbar weich und wird durch den intensiv aromatischen Limettenguss perfekt abgerundet. Jeder Bissen bietet ein harmonisches Zusammenspiel aus fruchtiger Säure und dezenter Süße, das vor allem an warmen Tagen für ein belebendes Geschmackserlebnis sorgt.

R	J	H	H	C	T	I	K	G	S	E	G	H	M	I	Z	M	B	K
T	I	Y	O	Y	J	O	Y	G	P	T	D	P	C	O	E	T	C	T
C	G	C	U	N	Y	T	A	M	E	J	M	G	M	R	B	E	M	N
W	D	B	U	T	T	E	R	M	I	L	C	H	W	Q	C	J	X	L
M	B	Y	L	A	Q	E	Z	I	S	M	V	L	B	Q	Y	D	W	Q
F	G	L	T	S	J	Y	H	F	E	N	B	G	U	H	V	O	E	R
F	L	I	M	E	T	T	E	N	S	A	F	T	T	J	B	A	I	X
F	K	I	X	N	X	X	E	B	T	T	N	K	T	U	A	U	Z	R
S	S	T	F	P	I	E	F	L	A	U	E	I	E	E	E	I	E	R
U	Y	I	P	V	U	L	B	L	R	R	A	G	R	U	P	C	N	W
E	Q	X	N	S	L	D	V	A	K	J	X	L	C	G	A	O	M	S
N	J	Y	M	P	V	V	W	Q	E	O	J	F	R	W	R	V	E	X
D	J	H	A	V	G	W	U	Y	I	G	Z	Q	L	L	W	Z	H	O
J	G	U	N	Y	M	G	S	Y	Z	H	H	F	Y	I	E	Y	L	D
H	T	E	D	Q	P	H	C	O	F	U	Q	Y	T	G	R	U	X	E
L	I	M	E	T	T	E	N	A	B	R	I	E	B	Y	G	X	C	X
E	K	N	L	W	W	W	C	A	S	T	L	O	M	R	P	S	I	J
Z	L	G	N	Y	J	K	N	X	I	N	A	E	L	V	Z	Q	O	F
X	N	Z	T	A	U	P	U	D	E	R	Z	U	C	K	E	R	R	O

Mit seinem zarten Limettenaroma und der erfrischenden Note ist dieser Kuchen der ideale Begleiter für sommerliche Kaffeetafeln. Er ist nicht nur einfach zuzubereiten, sondern auch ein echter Hingucker. Der leuchtende Guss verleiht dem Kuchen eine verlockende Optik und macht ihn zum Star auf jeder Kuchentafel. Ein Muss für alle, die den Sommer in vollen Zügen genießen möchten!

Zutaten

Für den Teig:
- 270 g weiche Butter
- 210 g Zucker
- 6 mittelgroße Eier (zimmerwarm)
- 250 g Weizenmehl
- 100 g gemahlene Mandeln (blanchiert)
- 80 g Speisestärke
- 1 Päckchen Backpulver
- 1 EL abgeriebene Limettenschale oder Zitronenabrieb
- 100 ml Limettensaft
- 80 g Naturjoghurt oder Buttermilch

Für den Guss:
- 250 g Puderzucker (gesiebt)
- 5 EL Limettensaft (grobe Menge)

1. Teig vorbereiten: Den Backofen auf 175°C Ober- und Unterhitze vorheizen. Ein Backblech (ca. 30x40 cm) einfetten und mit Mehl bestäuben oder alternativ mit Backpapier auslegen. Die weiche Butter und den Zucker einige Minuten schaumig rühren. Die Eier nach und nach dazugeben und einzeln gut unterrühren. Mehl, Mandeln, Speisestärke, Backpulver und Limettenabrieb mischen. Zusammen mit dem Limettensaft und dem Joghurt zur Butter-Eier-Creme geben und alles kurz zu einem homogenen Teig verarbeiten. Die Konsistenz sollte typisch für Rührteig sein und schwer reißend vom Löffel fallen; falls nötig, noch einen Schluck Milch unterrühren.

2. Backen: Den Rührteig auf dem Blech verteilen und glattstreichen. Den Kuchen je nach Höhe ca. 19-23 Minuten backen; er sollte hell bleiben und innen schön saftig und feucht sein. Während der Kuchen im Ofen ist, den Guss vorbereiten.

3. Guss zubereiten: Den gesiebten Puderzucker nach und nach mit so viel Limettensaft verrühren, dass sich ein zäher, aber gut verteilbarer Guss ergibt. Direkt nach dem Backen den Guss dünn auf dem noch warmen Kuchen verteilen, z.B. mit einem Pinsel oder einer Mini-Tortenpalette. Nach Belieben mit Limetten-Zesten oder -Abrieb bestreuen.

Anmerkungen:

Eine kleine Limette ergibt ca. 30–40 ml Saft, daher benötigst du für Teig und Glasur recht viele Limetten. Alternativ kann fertiger Limettensaft aus der Flasche verwendet werden, wobei 2 frische Limetten für den Abrieb reichen.

Die Glasur sorgt nicht nur für Geschmack, sondern hält den Kuchen auch frisch – also nicht weglassen!

Der Kuchen lässt sich gut einfrieren und bei Zimmertemperatur oder im Kühlschrank langsam auftauen, z.B. in Stücke geschnitten in Tupperboxen.

Herbstlicher Genuss: Amerikanischer Kürbiskuchen

Pumpkin Pie, der traditionelle amerikanische Kürbiskuchen, ist der Inbegriff von Herbst und Winter. Mit seinem würzigen Duft und der cremigen Füllung aus Kürbispüree verleiht er jedem Anlass eine gemütliche Atmosphäre. Besonders beliebt zu Halloween, Thanksgiving und Weihnachten, bringt dieser Kuchen nicht nur Geschmack, sondern auch festliche Stimmung auf jede Kaffeetafel.

E	M	T	S	S	Z	I	M	T	G	U	L	B	N	B	Q	X	Z	G	N	O	Y
Z	S	V	C	M	W	S	C	Y	K	G	I	F	G	R	F	W	Y	W	M	P	T
Q	Y	D	O	J	O	D	W	G	X	R	M	U	Q	D	M	A	A	M	Q	G	M
V	T	M	B	O	V	U	Y	G	J	S	L	N	H	V	Y	P	W	P	O	A	M
K	K	R	K	O	K	O	S	Z	U	C	K	E	R	N	V	A	Y	C	P	R	T
M	X	E	I	S	W	A	S	S	E	R	G	A	W	N	O	S	N	Y	Q	N	I
Y	D	K	V	P	L	B	A	R	J	X	M	O	C	O	V	N	Y	M	F	F	H
X	R	G	O	K	Z	O	P	Y	N	L	J	T	O	N	S	R	M	E	K	F	L
U	Z	S	Z	O	Z	H	K	M	C	F	V	H	M	Z	K	P	I	Y	Y	J	E
A	W	M	K	N	U	R	G	L	Q	N	I	W	I	E	J	Z	P	X	N	A	K
D	F	U	C	D	D	Q	Y	Z	O	S	G	S	N	K	M	I	F	U	G	E	T
Y	W	S	P	E	K	U	L	A	T	I	U	S	G	E	W	U	R	Z	A	L	N
Y	W	K	G	N	N	H	I	G	E	F	F	U	W	C	O	S	S	X	X	H	I
L	A	A	G	S	I	J	C	R	D	R	S	P	E	K	Y	O	K	Q	Y	J	S
V	E	T	X	M	K	U	R	B	I	S	P	U	R	E	E	O	Q	E	D	C	Q
C	B	N	G	I	T	Z	W	U	A	W	H	E	P	M	G	I	Q	J	V	M	T
G	I	U	N	L	I	M	W	J	H	Q	X	X	U	X	O	S	H	R	K	H	U
F	I	S	S	C	N	D	V	T	A	D	Y	X	L	I	I	A	O	A	B	V	N
Y	A	S	B	H	E	D	T	C	U	Z	M	L	V	Y	V	B	E	I	E	R	O
S	P	E	I	S	E	S	T	A	R	K	E	I	E	H	W	M	P	V	L	Z	X
R	B	K	F	N	X	M	R	L	B	W	O	A	R	J	U	A	P	K	G	H	G
C	J	X	J	K	K	S	T	H	S	A	G	Z	G	K	E	M	F	K	F	T	C

Der Kürbiskuchen besticht durch seine einfache Zubereitung und die perfekte Kombination aus süßem Kürbis und warmen Gewürzen. Jedes Stück versprüht eine heimelige Wärme und füllt dein Zuhause mit herbstlichen Aromen. Dieser Kuchen ist der ideale Begleiter für kalte Tage und sorgt für ein wohliges Gefühl – ein Muss für alle, die den Herbst in vollen Zügen genießen möchten!

Zutaten:

Für den Teig:

- 200 g Weizenmehl
- 120 g sehr kalte Butter (in Stückchen)
- 60 g Zucker
- 40 ml Eiswasser
- 1 Prise Salz

Für die Füllung:

- 2 mittelgroße Eier
- 140 g brauner Zucker (alternativ Vollrohrzucker, Kokoszucker)
- 1 Päckchen ungesüßte Kondensmilch (7,5% Fett, 340 g)
- 450 g Kürbispüree (siehe Tipp)
- 1 TL Zimt (alternativ 2 TL Pumpkin Pie- oder Spekulatiusgewürz)
- 1/4 TL Ingwerpulver
- 1 Prise Muskatnuss
- 1/2 TL Salz
- 2 TL Speisestärke

1. Teig zubereiten: Mehl, Zucker und Salz in eine Schüssel geben. Kalte Butter in kleinen Stückchen dazugeben und unterkneten. Eiswasser hinzufügen und zu einem glatten Mürbeteig verarbeiten. Den Teig zu einer Kugel formen, in Frischhaltefolie wickeln und etwa 30 Minuten kühlstellen.

2. **Füllung vorbereiten:** Backofen auf 200°C Ober- und Unterhitze vorheizen. Für die Füllung die Eier mit dem Zucker verquirlen. Kürbispüree, Kondensmilch, Speisestärke und Gewürze vorsichtig unterrühren, bis eine homogene Masse entsteht.

3. **Teig ausrollen und backen:** Den Teig etwas größer als die Quicheform (ca. 26 cm) ausrollen. Die Form am Boden und Rand mit dem Teig auskleiden. Überstehende Teigreste am Rand mit einem scharfen Messer abschneiden. Die flüssige Kürbismasse in die Form gießen. Den Pumpkin Pie auf der untersten Schiene 10 Minuten bei 200°C backen, dann die Temperatur auf 175°C reduzieren und nochmals ca. 30-40 Minuten backen. Der Pie sollte in der Mitte noch leicht weich sein. Nach dem Backen am besten im ausgeschalteten Ofen (Tür einen kleinen Spalt offen lassen) etwa 1 Stunde stehen lassen oder lauwarm servieren.

Anmerkungen:

Das Kürbispüree sollte fest und eher trocken sein, keinesfalls zu flüssig oder wässrig. Du kannst fertiges Kürbispüree aus der Dose verwenden oder es selbst zubereiten. Dazu Hokkaido-Stückchen ca. 20-30 Minuten im Ofen backen oder in wenig Wasser weich kochen, abgießen und pürieren.

Zitronenfrische trifft Süße: Zitronen-Brownies

Zitronen-Brownies sind die perfekte Wahl, wenn du den frischen Geschmack von Zitrone mit der saftigen Konsistenz klassischer Brownies kombinieren möchtest. Diese sommerliche Variante bringt eine angenehme Säure und eine besonders zarte Textur auf den Teller, die für ein leichtes und belebendes Geschmackserlebnis sorgt. Ideal für alle, die etwas Neues ausprobieren und die klassische Schokoladenversion durch eine erfrischende Abwechslung ersetzen wollen.

D	K	W	P	Y	G	L	R	N	B	I	B	I	D	H	M	U	N	U
Y	J	X	D	M	X	M	E	J	G	U	L	M	T	U	K	E	E	J
Y	U	Q	G	S	P	L	I	O	G	Y	R	O	B	E	G	L	Z	Z
J	S	O	B	J	U	V	V	Z	V	N	R	C	R	P	C	C	Y	U
Y	U	P	J	L	D	X	J	I	S	X	O	C	S	V	B	J	X	C
J	W	S	K	D	E	M	I	T	I	P	N	M	F	D	F	J	K	K
Y	Q	G	D	W	R	K	N	R	G	X	W	Y	D	A	E	S	B	E
H	W	U	Y	E	Z	K	Y	O	Q	W	I	X	P	G	R	U	F	R
D	O	I	Q	I	U	S	S	N	I	V	Y	X	H	L	G	L	B	E
I	A	F	Z	Z	C	E	I	E	R	C	J	S	A	L	Z	O	J	E
H	J	S	M	E	K	N	J	N	V	M	I	W	K	P	D	H	S	T
E	L	I	I	N	E	Q	R	Z	Z	P	M	J	S	L	I	K	I	X
J	F	Z	J	M	R	F	O	E	L	R	G	X	Z	S	Y	E	U	D
N	S	R	Q	E	A	H	K	S	M	Z	T	I	T	B	B	W	Z	M
N	Z	T	F	H	D	Q	U	T	J	C	Z	M	Z	E	U	B	Z	P
G	U	M	I	L	C	H	N	E	Y	P	T	W	Y	Y	T	D	B	L
X	N	J	X	C	O	C	O	N	I	J	N	H	Z	H	T	J	K	A
L	I	Z	I	T	R	O	N	E	N	S	A	F	T	O	E	D	B	B
M	B	E	C	W	D	B	A	C	K	P	U	L	V	E	R	R	Y	T

Dank ihrer einfachen Zubereitung und des unwiderstehlich frischen Aromas werden Zitronen-Brownies schnell zum neuen Lieblingsgebäck. Ob als süßer Snack für zwischendurch oder als Hingucker auf der Kaffeetafel – diese Brownies überzeugen mit ihrem intensiven Zitrusgeschmack und einer fluffigen Konsistenz, die jeden Bissen zu einem besonderen Genuss macht. Wer nach einer fruchtigen Alternative zu den traditionellen Schoko-Brownies sucht, wird diese Variante lieben!

Zutaten

Für den Teig:
- 250 g Butter
- 210 g Zucker
- 3 große Eier
- 80 ml Zitronensaft (am besten frisch)
- 360 g Weizenmehl
- 1/2 TL Backpulver (gestrichen)
- 1 EL abgeriebene Zitronenschale (oder mehr)
- 1/4 TL Salz (gestrichen)

Für den Guss:
- 160 g Puderzucker
- 2 EL Zitronensaft (am besten frisch)
- 2 EL Milch (grobe Menge)
- Zitronenzesten für die Deko

1. Teig vorbereiten: Schmelze die Butter und lass sie lauwarm abkühlen. Heize den Ofen auf 175°C Ober- und Unterhitze vor. Lege eine ca. 25x20 cm große eckige Form mit Backpapier aus oder fette sie ein, alternativ kannst du einen Backrahmen verwenden.

2. Teig zubereiten: Schlage die Eier mit dem Zucker schaumig. Mische die trockenen Zutaten und gib sie zusammen mit der flüssigen Butter und dem Zitronensaft zur Eier-Zucker-Creme. Verrühre alles kurz, aber kräftig, zu einem homogenen Teig. Der Teig ist eher zäh, aber nicht zu fest.

3. Backen: Gib den Teig in die vorbereitete Form und streiche ihn glatt. Backe die Zitronen-Blondies ca. 20 Minuten. Achtung: Auf keinen Fall zu lange backen! Die Oberfläche sollte fest sein, während der Teig innen schön saftig und fudgy bleibt.

4. Guss zubereiten: Lass die Brownies etwa 5 Minuten abkühlen. Bereite währenddessen einen zähen Guss aus gesiebtem Puderzucker, Milch und Zitronensaft zu. Verstreiche die Glasur dünn auf dem noch warmen Kuchen und lass ihn dann vollständig abkühlen.

Anmerkungen:

- Am besten schmecken die Zitronen-Brownies mit frisch gepresstem Zitronensaft. Je nach Größe der Zitronen benötigst du 1-2 Stück.
- Die Backzeit lässt sich, wie für Brownies typisch, nur grob angeben. Achte darauf, dass der Teig innen fluffig bleibt.
- Die Zitronenglasur ist ein Muss: Sie sorgt nicht nur für Geschmack, sondern hält die Brownies auch saftig.

Verführerische Leichtigkeit: Raffaello-Torte

Die Raffaello-Torte begeistert mit einer sanften Kokosnote und einer unwiderstehlich cremigen Füllung. Inspiriert von den bekannten Pralinen, bringt sie einen Hauch von Exotik und Leichtigkeit auf die Kaffeetafel. Der zarte Boden, umhüllt von einer luftigen Sahneschicht und einem knusprigen Kokosmantel, macht diese Torte zu einem echten Hingucker und verführt mit jedem Bissen.

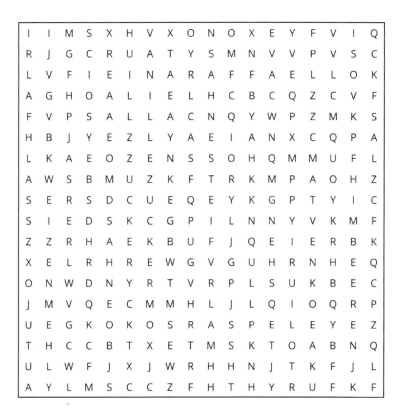

Die Kombination aus cremiger Füllung und dem feinen Kokosgeschmack sorgt für ein außergewöhnliches Geschmackserlebnis. Perfekt für festliche Anlässe oder als Highlight auf der Kaffeetafel, wird diese Torte deine Gäste mit ihrer Eleganz und ihrem unvergleichlichen Aroma begeistern. Ein Genuss, der Kokos- und Sahneliebhaber gleichermaßen glücklich macht!

Zutaten

Für die Biskuitböden:
- 5 mittelgroße Eier
- 1 Prise Salz
- 130 g Zucker
- 190 g Weizenmehl
- 2 TL Backpulver

Für die Füllung:
- 8 Stück Raffaello
- 300 g Sahne
- 2 Päckchen Sahnesteif
- 1 Päckchen Vanillezucker
- 1 EL Zucker

Für Überzug und Deko:
- 50 g Kokosraspel
- 300 g Sahne
- 1 Päckchen Sahnesteif
- 1 Päckchen Vanillezucker
- 10 Stück Raffaello (grobe Angabe)
- 10 Stück Himbeeren (grobe Angabe)

1. Biskuitboden vorbereiten: Heize den Backofen auf 190°C Ober- und Unterhitze vor. Lege den Boden einer 26 cm Springform mit Backpapier aus oder fette ihn ein. Trenne die Eier und schlage die Eiweiße mit einer Prise Salz steif. Lasse dabei nach und nach die Hälfte des Zuckers einrieseln. Schlage die Eigelbe mit dem restlichen Zucker cremig. Gib die Eigelb-Zuckermasse auf den Eischnee und hebe sie vorsichtig unter, ohne stark zu rühren. Siebe das mit Backpulver vermischte Mehl auf die Eiercreme und hebe es ebenfalls vorsichtig unter. Fülle den Teig in die Springform, backe den Biskuit ca. 25 Minuten goldgelb und lasse ihn anschließend abkühlen.

2. Torte füllen: Schneide den abgekühlten Biskuit waagerecht in zwei Hälften. Lege einen Tortenboden auf eine Tortenplatte. Hacke die Raffaello für die Füllung klein.

Schlage die Sahne mit Sahnesteif, Vanillezucker und Zucker steif und hebe die Raffaellostückchen unter. Verteile die Creme gleichmäßig auf dem Tortenboden und streiche sie glatt. Lege den zweiten Biskuitboden darauf.

3. Torte überziehen und dekorieren: Röste die Kokosraspel in einer kleinen Pfanne ohne Fett kurz an, aber achte darauf, dass sie nicht zu braun werden. Schlage die Sahne mit Sahnesteif und Vanillezucker steif. Bestreiche die Torte rundherum mit der Sahne. Bestreue die Torte, einschließlich der Seiten, mit den gerösteten Kokosraspeln. Stelle die Torte ca. 3 Stunden oder über Nacht kühl. Vor dem Servieren dekorierst du die Torte abwechselnd mit Raffaello und Himbeeren.

Täuschend echt: Spiegeleier-Kuchen

Der Spiegeleier-Kuchen ist ein echter Hingucker auf jeder Kaffeetafel. Mit seinem saftigen Rührteigboden, einer zarten Schmandschicht und Aprikosenhälften, die wie echte Spiegeleier aussehen, bringt er alle zum Staunen. Diese kreative Illusion ist nicht nur ein optisches Highlight, sondern überzeugt auch geschmacklich. Ob zu Ostern oder für andere besondere Anlässe – dieser Kuchen sorgt garantiert für Gesprächsstoff und ist ein süßer Genuss, der Kinder wie Erwachsene begeistert.

```
T J D Z R Q Z I Z X E U L O D L L B
A P R I K O S E N S A F T O M F D D
E I D T L T Z Y L W K U S O H O A F
L N Z R I G O J W E I B B Y P E L B
H J E O B H F Z X I Y Y G T Z O Y A
A Q O N F W J O W Z A T P G W O T C
P U D E R Z U C K E R R W F L X I K
R I K N I D M S L N E Y G Z V W V P
I W A S S E R G L M M L L G O Z E U
K L R A C P V S M E D V N P D A V L
O V V F H U S V L H G R S N C H B V
S P X T K O P W I L E L V X P C U E
E H X Q A X X Q R G W A K C A X M R
N G B A S S C L T S J V Z I H G N D
T O R T E N G U S S V B J S S X T A
N U X K U A Q Z N U S C B G C U T I
V N Q X V X W H E D M L Q G O I U Y
A W Z G B B U T T E R I E M T D D R
```

Der Spiegeleier-Kuchen ist nicht nur ein kreativer Hingucker, sondern auch einfach in der Zubereitung. Die Kombination aus fruchtigen Aprikosen, cremigem Schmand und fluffigem Teig bietet ein überraschendes Geschmackserlebnis. Perfekt für Feiern oder einfach, um die Liebsten zu überraschen – dieser Kuchen bringt Freude und sorgt für ein Lächeln bei jedem Bissen!

Zutaten:

Für den Teig:
- 200 g weiche Butter
- 180 g Zucker
- 5 mittelgroße Eier
- 300 g Weizenmehl
- 3 TL Backpulver
- 5 EL Milch (grobe Angabe)

Für die Frischkäsecreme:
- 150 g weiche Butter
- 180 g Puderzucker
- 400 g cremiger Frischkäse
- 1 EL Zitronensaft oder Zitronenschale (nach Belieben)

Für die Deko:
- 1 Dose Aprikosen (ca. 500 g Abtropfgewicht)
- 1 1/2 Päckchen Tortenguss
- 3 EL Zucker
- 350 ml Wasser (evtl. zur Hälfte Aprikosensaft aus der Dose)

1. Rührteig-Boden vorbereiten: Schlage die weiche Butter schaumig und gib nach und nach den Zucker und die Eier dazu, während du weiter rührst. Heize den Ofen auf 175°C Ober- und Unterhitze vor.
Mische das Mehl mit dem Backpulver und rühre es unter die Butter-Zucker-Ei-Masse. Füge dann so viel Milch hinzu, dass der Teig schwer reißend vom Löffel fällt. Gib den Rührteig auf ein gefettetes oder mit Backpapier ausgelegtes Blech, streiche die Oberfläche glatt und backe den Teig 20-25 Minuten. Lasse ihn anschließend abkühlen.

2. Frischkäsecreme zubereiten: Schlage die weiche Butter schaumig und lasse nach und nach den Puderzucker einrieseln. Rühre den Frischkäse unter und aromatisiere die Creme nach Belieben mit Zitronenschale oder Zitronensaft.
Verteile das Frischkäse-Topping gleichmäßig auf der abgekühlten Teigplatte.

3. Kuchen dekorieren: Lasse die Aprikosen aus der Dose abtropfen und fange dabei den Saft auf. Schneide den Kuchen in Stücke und lege jeweils eine halbierte Aprikose in die Mitte eines jeden Stücks, drücke sie leicht an. Mische das Tortenguss-Pulver mit Zucker und rühre es in 350 ml Flüssigkeit (Wasser und/oder Aprikosensaft). Erhitze den Guss und verteile ihn, nachdem er leicht abgekühlt ist, vorsichtig über den Kuchen, einschließlich des Toppings und der Aprikosen. Lasse den Guss fest werden und schneide die Stücke bei Bedarf nochmals mit einem scharfen Messer nach.

Anmerkungen:

Du kannst aus diesem Rezept auch täuschend echte Spiegeleier machen, indem du die gebackene, abgekühlte Teigplatte in unregelmäßig geformte „Eier" schneidest und sie wie beschrieben dekorierst.

Zutaten-Meisterschaft: Das Back-Kreuzworträtsel

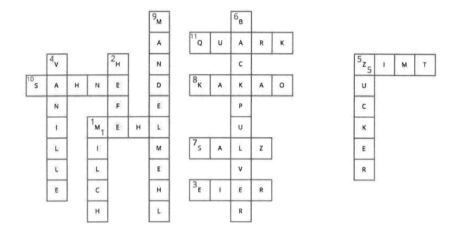

Sudoku-Schnupperrunde: Der perfekte Einstieg

	4				2			
7	3	1		6		5		
	5		9					
					6		4	3
	4	9			2			
				9	3	2	1	
2			8					7
			5	7	9			
8						4	3	

Der Wettlauf gegen die Zeit

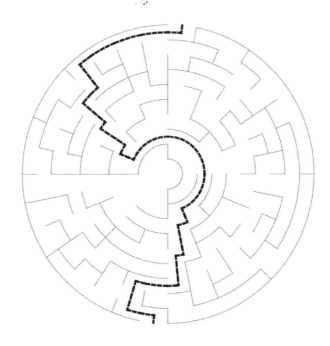

Kulinarische Weltreise: Das internationale Speisen-Kreuzworträtsel

Rätselkrimi 1
Der Fall der gestohlenen Hochzeitstorte

Die Lösung des Falls ist der Hausmeister. Seine Aussage, dass er zum Zeitpunkt des Diebstahls im Juli Herbstlaub vor der Bäckerei gekehrt habe, ist unglaubwürdig. Im Juli gibt es definitiv noch kein Herbstlaub. Dieser Widerspruch deutet darauf hin, dass der Hausmeister gelogen hat, um sich ein Alibi zu verschaffen. Daher liegt der Verdacht nahe, dass er der Täter ist und verzweifelt nach einer Ausrede gesucht hat.

Sudoku-Power: Auf die Plätze, fertig, los!

1	8	3	5	4	2	9	7	6
4	2	9	6	7	1	3	5	8
6	5	7	3	9	8	2	1	4
7	3	5	2	6	4	8	9	1
9	4	1	7	8	5	6	3	2
8	6	2	9	1	3	7	4	5
2	9	6	1	5	7	4	8	3
3	1	8	4	2	9	5	6	7
5	7	4	8	3	6	1	2	9

Backstuben-Magie: Das Zutaten-Kreuzworträtsel

Sudoku-Herausforderung: Stärk deine neuronalen Verbindungen!

7	4	2	5	6	9	3	8	1
8	5	6	3	1	7	9	4	2
9	3	1	8	2	4	7	5	6
1	2	4	9	7	3	8	6	5
5	6	9	2	8	1	4	3	7
3	8	7	6	4	5	2	1	9
6	7	5	4	3	2	1	9	8
2	9	3	1	5	8	6	7	4
4	1	8	7	9	6	5	2	3

Rätselhaftes Verschwinden

Der Bauer stand nicht wirklich auf einem Feld, sondern auf einem Spielfeld beim Schachspiel. Das Pferd symbolisiert den Springer im Schach. Als der Springer den Bauer „schlägt", wird der Bauer vom Spielfeld entfernt – daher ist er plötzlich verschwunden.

Kulinarische Weltreise: Gerichte aus aller Welt

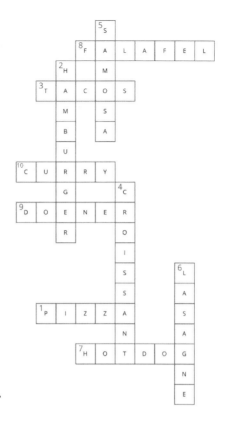

Die Suche nach den Karotten

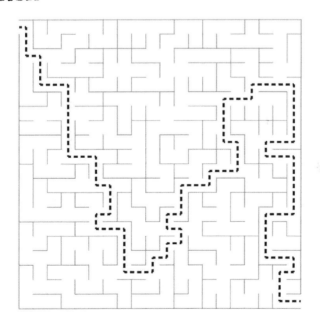

Rätselkrimi 2
Die tödliche Limonade mit Eiswürfeln

Das Gift befand sich in den Eiswürfeln. Da das Mädchen, das schnell getrunken hat, die Limonade konsumierte, bevor das Eis geschmolzen war, gelangte das Gift nicht in ihr Getränk. Das andere Mädchen trank langsamer, wodurch das Eis schmolz und das Gift in ihre Limonade freigesetzt wurde.

Sudoku-Champion: Für echte Denksport-Profis

8	6	1	3	7	2	4	9	5
4	7	2	8	5	9	3	6	1
5	3	9	4	1	6	8	2	7
7	5	4	2	3	8	9	1	6
2	8	6	1	9	5	7	4	3
1	9	3	7	6	4	5	8	2
9	4	5	6	2	3	1	7	8
3	2	7	9	8	1	6	5	4
6	1	8	5	4	7	2	3	9

Das Backrätsel der Generationen

Die Lösung zu dem Rätsel liegt darin, dass es sich um drei Personen handelt: eine Großmutter, ihre Tochter und ihre Enkelin. Die

Großmutter ist sowohl Mutter als auch Großmutter, ihre Tochter ist ebenfalls sowohl Mutter als auch Tochter, und die Enkelin ist die zweite Tochter. Da es sich um drei Personen handelt, haben sie auch nur drei Kuchen gebacken, obwohl es zwei Mütter und zwei Töchter gibt.

Werkzeuge der Backkunst: Küchenutensilien im Kreuzworträtsel

Das Rätsel der ungewöhnlichen Addition

Die Lösung liegt darin, dass es sich um eine Uhr handelt! Wenn du zwei Stunden zu elf Uhr addierst, landest du auf ein Uhr. Daher ergibt zwei plus elf in diesem Fall eins. 😊

Sudoku-Zeit: Entspannung für den Geist

6	2	9	1	3	5	4	7	8
8	1	4	6	2	7	5	3	9
5	7	3	4	9	8	1	2	6
7	6	1	2	8	9	3	4	5
4	9	2	3	5	6	7	8	1
3	5	8	7	4	1	9	6	2
2	4	6	9	1	3	8	5	7
1	8	7	5	6	4	2	9	3
9	3	5	8	7	2	6	1	4

Deftige Klassiker: Lieblingsgerichte aus aller Welt

Rätselkrimi 3
Der große Ausbruch: Wie entkommt Joshi?

Joshi sollte mit der Schaufel einen Hügel aus dem Bodenmaterial aufschütten, darauf klettern und durch das Fenster aus der Zelle entkommen.

Sudoku-Knobelspaß: Gedächtnistraining leicht gemacht

8	3	4	7	6	9	5	2	1
2	6	5	1	3	8	7	4	9
1	7	9	5	2	4	8	3	6
5	1	2	3	8	6	4	9	7
3	8	6	9	4	7	2	1	5
9	4	7	2	5	1	6	8	3
4	2	1	6	7	3	9	5	8
7	5	3	8	9	2	1	6	4
6	9	8	4	1	5	3	7	2

Süße Entdeckungsreise: Desserts und Backwaren aus aller Welt

Denk gut nach, es gibt nur eine Lösung 💡
Die Lösung ist natürlich, dass du zuerst das Streichholz anzündest! 😄 Bevor du den Ofen, die Lampe oder den Kamin in Gang setzen kannst, brauchst du schließlich eine Flamme – und dafür ist das Streichholz da!

Krimirätsel 4
Das Rätsel der tödlichen Tabletten

Beide Tabletten sind harmlos. Das Gift befindet sich im Getränk, das das Opfer nach der Einnahme der Pille trinkt. Der Mörder selbst rührt das vergiftete Getränk nie an.

Sudoku-Sucht: Knobelspaß mit Glücksgefühlen

6	7	8	1	5	4	9	3	2
1	3	5	8	9	2	7	4	6
2	9	4	6	3	7	1	8	5
7	6	1	3	4	5	8	2	9
8	2	3	7	6	9	5	1	4
4	5	9	2	1	8	6	7	3
9	1	6	4	8	3	2	5	7
3	8	2	5	7	6	4	9	1
5	4	7	9	2	1	3	6	8

Köstlichkeiten im Wandel der Jahreszeiten: Das saisonale Kreuzworträtsel

Das Zimmer der Glühbirnen

Schalte den ersten Schalter ein und warte ein paar Minuten. Schalte ihn dann aus und schalte den zweiten Schalter ein. Gehe in den Raum. Die Glühbirne, die leuchtet, gehört zum zweiten Schalter. Fühle die anderen Glühbirnen: Die warme gehört zum ersten Schalter und die kalte zum dritten.

Sudoku Master: Kannst du dieses knifflige Sudoku lösen?

5	8	2	6	7	9	4	1	3
6	7	9	1	4	3	2	5	8
1	3	4	2	5	8	9	7	6
3	9	5	7	1	2	6	8	4
2	4	1	9	8	6	5	3	7
8	6	7	4	3	5	1	2	9
9	1	6	8	2	7	3	4	5
7	2	3	5	6	4	8	9	1
4	5	8	3	9	1	7	6	2

Erfrischende Getränke-Weltreise: Cocktails, Tees und mehr

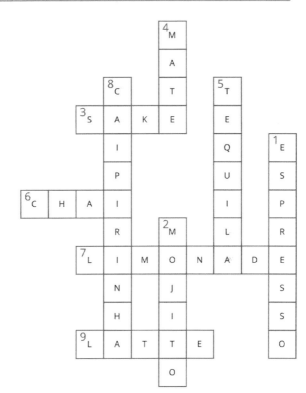

Krimirätsel 5
Mord am ersten Schultag: Wer lügt?

Der Mörder war der Mathelehrer. Seinen Worten zufolge führte er einen Halbjahres-Test durch, aber das Verbrechen geschah am ersten Tag des Schuljahres.

Sudoku-Herausforderung: Für echte Meisterinnen

2	7	5	3	1	6	9	8	4
9	8	1	7	4	5	6	3	2
4	3	6	8	2	9	5	1	7
5	6	3	2	9	8	4	7	1
8	1	4	5	6	7	2	9	3
7	2	9	4	3	1	8	6	5
1	5	2	6	8	3	7	4	9
6	9	7	1	5	4	3	2	8
3	4	8	9	7	2	1	5	6

Winterliche Genüsse: Das Kreuzworträtsel rund um Weihnachtsgebäck

Across:
- 5: ZIMTSTERN
- 1: LEBKUCHEN
- 8: PFEFFERNÜSSE
- 3: STOLLEN
- 12: SPRITZGEBAECK
- 2: VANILLEKIPFERL
- 6: MAKRONEN

Down:
- 13: ELISENLEBKUCHEN
- 4: SPEKULATIUS
- 11: DOMINOSTEINE
- 7: BUTTERPRINTEN
- 9: CHRISTSTOLLEN
- 10: MARZIPANBROT (MARZIPAN)

Sudoku-Queen: Diese Herausforderung gehört dir

	8						7	
		4						1
				8	6	2		
	4				3	6	8	
				1				9
1		9						5
				4	2			
5	6			2				
			3		8		1	

Krimirätsel 6
Drei Türen, eine Wahl: Wählst du den sicheren Tod?

Die dritte Tür, weil die Tiger längst verhungert und tot sind.

Knacke das Superfood-Rätsel: Deine Power-Zutaten im Fokus!

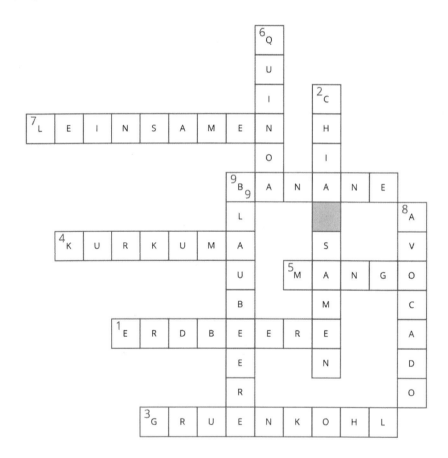

Sudoku für die Gesundheit: Trainiere dein Gehirn

9	6	4	3	8	5	2	7	1
7	3	8	6	2	1	9	5	4
5	2	1	4	9	7	3	6	8
1	7	3	9	6	2	8	4	5
6	8	5	1	4	3	7	2	9
2	4	9	7	5	8	1	3	6
3	1	6	5	7	9	4	8	2
4	9	2	8	3	6	5	1	7
8	5	7	2	1	4	6	9	3

Winterzauber im Kreuzworträtsel: Entdecke festliche Aromen

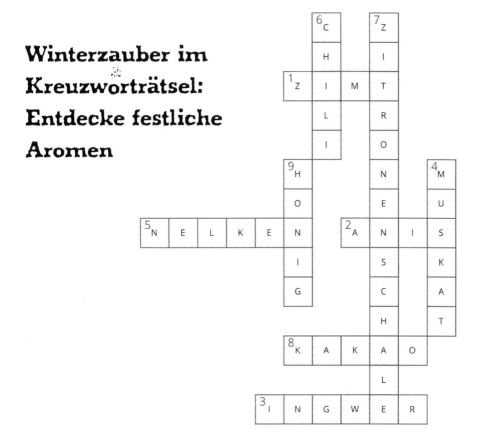

Rätselkrimi 7
Perfektes Verbrechen? Nicht ganz!

Er wusste sofort, wo der Tatort war, obwohl ihm das niemand gesagt hatte.

Das große Finale: Das ultimative Sudoku für Profis

9	5	3	2	11	7	1	12	6	8	10	4
1	11	7	12	6	10	4	8	3	5	9	2
4	10	8	6	3	2	9	5	1	7	11	12
11	4	6	1	8	3	5	7	10	12	2	9
5	2	10	3	12	6	11	9	7	1	4	8
8	9	12	7	4	1	2	10	5	11	3	6
12	8	2	11	5	9	3	1	4	6	7	10
7	1	5	9	10	8	6	4	2	3	12	11
6	3	4	10	7	11	12	2	8	9	5	1
10	7	1	5	2	12	8	11	9	4	6	3
3	12	9	4	1	5	10	6	11	2	8	7
2	6	11	8	9	4	7	3	12	10	1	5

Fruchtig und nussig: Das perfekte Bananenbrot

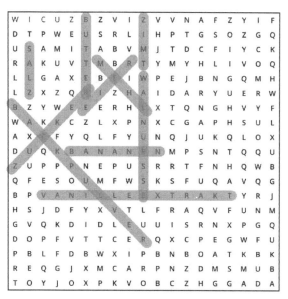

Cremig und köstlich: Der klassische Cheesecake

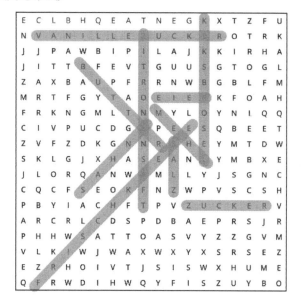

Aromatischer Genuss: Mohnkuchen für Feinschmecker

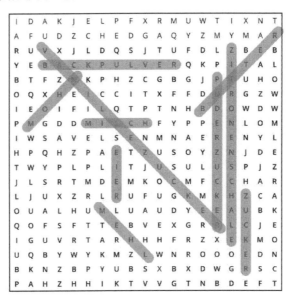

Saftig und würzig: Der beliebte Karottenkuchen

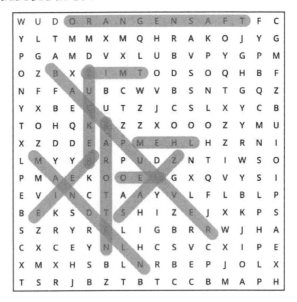

Verführerisch und intensiv: Rotweinkuchen mit Schokolade

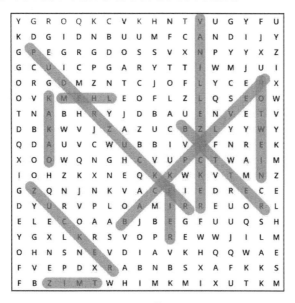

Erfrischender Genuss: Zitronencreme-Kuchen mit Butterkeksen

Himmlischer Genuss: Blaubeer-Käsekuchen mit Streuseln

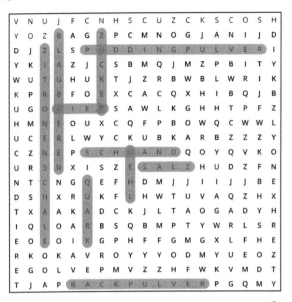

Fruchtig frisch: Saftiger Limettenkuchen mit Limettenguss

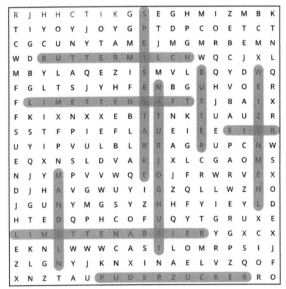

Herbstlicher Genuss: Amerikanischer Kürbiskuchen

Zitronenfrische trifft Süße: Zitronen-Brownies

Verführerische Leichtigkeit: Raffaello-Torte

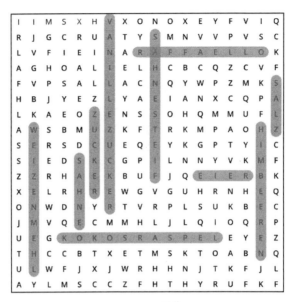

Täuschend echt: Spiegeleier-Kuchen

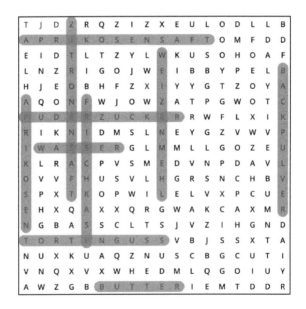

Printed in Poland
by Amazon Fulfillment
Poland Sp. z o.o., Wrocław

45341699R00081